°V
54305

A Monsieur Emile Picot, de l'Institut
Hommage respectueux de son
tout dévoué Léon G. Pélissier

LÉON G. PÉLISSIER

CANOVA
LA COMTESSE D'ALBANY
ET LE TOMBEAU D'ALFIERI

VENEZIA
PREM. STAB. TIPO-LITOGRAFICO CAV. FEDERICO VISENTINI
1902

10 3449

LÉON G. PÉLISSIER

CANOVA
LA COMTESSE D'ALBANY
ET LE TOMBEAU D'ALFIERI

3449

VENEZIA
PREM. STAB. TIPO-LITOGRAFICO CAV. FEDERICO VISENTINI
1902

8 V
57305

Le culte d'Alfieri commença au lendemain de sa mort. La comtesse d'Albany, Louise de Stolberg, après une liaison de plus de quinze années avec le grand poète, se dévoua à sa mémoire, tout en lui donnant pour successeur un peintre français, François-Xavier Fabre, de Montpellier. Celui-ci fut d'ailleurs son collaborateur dans cette œuvre de piété presque conjugale. La comtesse s'attacha à idéaliser la mémoire de sa liaison avec Alfieri, à assurer la conservation et l'intégrité de ses œuvres (1), enfin à perpétuer son souvenir par un monument funèbre digne de lui. Si l'on ne trouve dans les papiers de la comtesse, que très-peu de renseignements sur les deux premières de ces entreprises, on peut faire, au contraire, presque jour par jour, l'histoire du monument d'Alfieri. La Bibliothèque de Montpellier a conservé les lettres d'Antonio Canova, qui l'érigea, et du frère de l' artiste, l'abbé Giovanni Battista, adressées à madame d'Albany et au pein-

---

(1) La comtesse d'Albany écrit à ce propos à son ami Cerretani à Sienne : « Chacun a des devoirs à remplir. Je suis restée dépositaire des ouvrages de cet ami que je pleure, et, quoique je ne sois guère nécessaire à le faire imprimer, puisque M. Fabre y donne tous ses soins, il me paraît cependant que je dois, avant de mourir, voir, être témoin, que la volonté de l'ami soit remplie. Si la maladie m'enlevait de ce monde, je ne puis pas l'empêcher *(sic)*, mais je ne dois pas m'en retirer avant que d'avoir rempli ma tache et la confiance (*sic*) qu' on m' a témoigné. »

tre Fabre (1); dans les papiers de Canova, légués par son frère à la Bibliothèque Communale de Bassano, se retrouvent les lettres que lui écrivirent la comtesse et Fabre (2). Dans les deux dépôts est un certain nombre d'autres lettres et de documents de divers ordres relatifs à cette affaire. Ces lettres ne sont pas moins intéressantes pour la biographie et la psychologie du maître de Possagno que pour l'histoire posthume d'Alfieri. J'essaierai, en les publiant ici, d'en extraire les renseignements qu'elles nous fournissent pour l'histoire du chef d'œuvre funéraire de Santa Croce.

Il ne fut pas très difficile à la comtesse d'Albany d'obtenir l'autorisation d'elever le monument du comte Vittorio Alfieri dans l'église de Santa Croce, ce sublime Campo Santo des plus illustres fils de l'Italie. Elle eut cependant à vaincre une certaine opposition, d'une partie du clergé florentin, et de quelques ennemis personnels ou littéraires d'Alfieri (3). Grâce à l'intervention du

---

(1) Ces lettres sont restées inconnues aux historiens de Canova. Ni son ami Léopold Cicognara, le premier de ses biographes (*Biografia di Antonio Canova scritta dal cav. L. C*, in 8.° Venezia ed. Missiaglia, tip. Alvisopoli 1823) ni Missirini (*Della vita di Canova*, Prato, Giachetti 1824), ni Rosini, *Saggio sulla vita e le opere di Antonio Canova* (Pise 1826) ne les citent. Les uns et les autres ne parlent que très sommairement d'ailleurs du Tombeau d'Alfieri. Le discours de Salvagnoli, *Sul monumento a Vittorio Alfieri*, Florence, 1857, est plus riche en considérations philosophiques qu'en détails précis.

(2) Ces lettres sont elles aussi presque inconnues. Deux ou trois lettres de la comtesse seulement ont été publiées, dans des plaquettes *per nozze* introuvables, et dans le *Pungolo della Domenica* (journal milanais disparu) le 14 décembre 1884 par le comte Roberti, bibliothécaire de la ville de Bassano, qui ne sait plus exactement lui même quelles lettres il y a imprimées. On peut donc les considérer toutes comme inédites.

(3) Citons à ce propos un passage d'une autre lettre de la comtesse

comte Giulio Mozzi, ministre de la reine d'Etrurie, une place fut assignée au cénotaphe de l'auteur du *Misogallo* auprès du monument à l'auteur du *Prince*. La tombe accordée, il fallait l'édifier. Pour une pareille œuvre, un homme était désigné à l'attention et au choix de la comtesse: c'était le sculpteur vénitien Antonio Canova. Il s'imposait plus, à vrai dire, par l'étendue de sa réputation que par la nature de son talent. Quelque peu mou et efféminé, corrigeant mal sa morbidezza par l'imitation souvent affectée de l'antique, prenant trop aisément le bellâtre pour le beau viril, était-il bien l'artiste réellement capable d'ériger au violent et âpre Alfieri le monument grave, austère, un peu rude, qui lui eût le mieux

---

d'Albany au même Cerretani. Cette lettre est datée seulement de « Florence, le 15 novembre »:

J'ai su à mon arrivée tous les *hurlemens* de M.r D. Je n'ai pas d'autre chose à dire, sinon que c'est un reptile qui veut abattre un éléphant. Cet homme, que la passion aveugle et rend bête, a travaillé sourdement pour empêcher que le mausolée de Canova soit placé à Santa Croce. Pour moi, cela m'est égale; je le mettrai ou au Dome ou à la Rotonda de Rome, ou au Dome de Milan ou à Sainte Geneviève de Paris; quelqu'un sera bien aise de l'avoir. Je ne conçois pas comment il est assez bête pour croire que ses clameurs peuvent obscurcir une réputation établie, quand on se rappelle l'histoire du Tasse, de Milton et de l'Athalie de Racine. Le temps, mon cher chevalier, remet chaque chose à sa place. Il est possible que les satires ne soient pas bonnes: elle sont au moins originales. L'auteur m'a dit mille fois: « Quand elles paraîtront, tout le monde sera contre; mais le temps leur rendra justice, et je dis la vérité sans crainte ». Quand les Tragédies ont paru, mon cher chevalier, tout le monde en a dit pis que pendre, et M. D. a écrit contre: eh bien! les Tragédies ont eu II (*sic*) éditions, et le buste de l'auteur est placé partout où il y a un théatre. et je l'ai vu à Bologne et à Milan. Je ne concevois (*sic*) pas ce que vous vouliez dire quand vous m'avez écrit que M. D. par égard *pour lui et pour moi* ne venoit pas chez moi. Je ne lui ai jamais dit de venir, et je l'ai toujours méprisé comme il méritoit; mais depuis mon retour ici, j'ai appris toutes ces menées ridiculès dont je me moque.

convenu ? On peut en douter. Mais d'autre part, dans la profonde décadence artistique de l'Italie, sa gloire ne cessait de grandir, depuis que le dernier directeur de l'Académie de France, M. Ménageot, l'avait trouvé, quinze ans auparavant, seul digne d'être signalé. Il venait d'exécuter des statues et des bustes pour la femme du premier consul, pour plusieurs des Bonaparte, et enfin de terminer la statue de Bonaparte lui même. Il était dans toute la vigueur de l'âge et dans la force de son talent.

Ce fut donc tout naturellement à Canova que la comtesse d'Albany songea à s'adresser. Elle n'était pas une inconnue pour lui : le graveur Santarelli avait mis en relations Canova et Fabre, du vivant même d'Alfieri ; et, dès le mois de février 1803, il y avait échange de lettres, de compliments et de renseignements artistiques entre eux. La plus ancienne lettre de Fabre à Canova qui soit conservée est du 14 février 1803 (1). Fabre y demandait

---

(1) Voici le texte de cette lettre qui inaugura la longue correspondance des deux artistes. On voit que Canova avait fait appel à l'érudition et au sens critique de F. X. Fabre pour apprécier des antiques: il ne dit malheureusement par lesquels. Il s'agissait sans doute de quelque restauration: « — Firenze, 14 febbraio 1803. Signore, Domenica scorsa, per mezzo del sig. Lapi ho ricevuto quei contorni che mi aveva promesso e che ha havuto la bontà di trasmettermi. Con tutta l'attenzione di cui sono capace, ho esaminato le sue conghietture sopra il primitivo ordine de' due gruppi, e mi è parso che le sue riflessioni siano più che convincenti, e che non lascino altro da desiderare che l'occasione prossima di potersi approfitare dei mezzi che ha sì felicemente suggeriti, onde migliorare, quanto si possa, i suddetti due gruppi. — Siamo qui sempre nell'aspettativa della sua promessa statua; ci fanno anche sperare che al Pugillatore ella debba aggiungere il suo Perseo. È inutile il dirle quale e quanto sia il comune desiderio, ed il mio in particolare, di godere ben presto di questi due capi d'opera : tali li posso chiamare senza sospetto d'adulazione, giacchè il grido generale così li nomina. — La Sig.ra Contessa d'Albany mi ha imposto di farle i suoi complimenti, e di ringraziarla distintamente del libretto che il conte

à son confrère de le « compter parmi ses plus sincères admirateurs, » et lui transmettait des politesses de la comtesse. — Celle-ci fit d'abord parler officieusement de son projet à Canova par Degli Alessandri, et le sculpteur déclina d'abord la proposition, sous prétexte de la multiplicité de ses travaux. Peut être ne l'avait-il pas très bien comprise. Puis il l'envisagea plus mûrement, vit le parti artistique qu'il pourrait en tirer, songea à reprendre le motif qu'il avait déja exécuté pour le tombeau de Volpato, et se montra disposé à accepter.

Par l'intermédiaire diplomatique et officiel de Consalvi, la comtesse d'Albany lui fit présenter à la fin de février une proposition catégorique. Fabre, qui lui servit de secrétaire, exposa ou rappela à Canova le but de l'entreprise, lui montra qu'il serait digne du premier sculpteur de l'Italie d'unir son nom à celui de son premier poète, honorable de mettre une œuvre importante dans Santa Croce, — et avantageux de gagner une douzaine de mille écus romains. — La comtesse ajouta quelques lignes autographes, demandant à Canova de l'aider à immortaliser son attachement pour son ami :

Firenze, 28 febbraio 1804

Signore,

La signora contessa d'Albany, volendo erigere un monumento pubblico alla memoria dell'uomo grande che la morte le ha si crudelmente rapito, e desiderando di renderlo degno (più che le sia possibile) dell'alto nome d'Alfieri, mi incarica di domandarle se le sue presenti o future occupazioni le permetteranno di mettere a esecuzione questo suo progetto. Non dubita punto che il primo scultore dell'Italia

---

Guicciardini le ha portato da parte sua. — La prego di ascrivermi al numero dei suoi più sinceri ammiratori e di credermi Suo r.mo dev.mo Servitore F. X. Fabre. *P. S.* Santarelli mi ha incaricato di presentarle i suoi ossequi.

non sdegnerà di unire la propria gloria con quella del suo primo poeta, e che non sarà insensibile al piacere di sentire lodare i suoi rari talenti accanto alle ceneri del divino Michelangelo.

Il posto fissato in Santa Croce per questo monumento è spazioso, chiaro, e libero da qualunque ornamento che potesse guastarlo. La somma destinatavi è da 10 in 12 mila scudi romani. La prego dunque? la bontà di farmi sapere se si può sperare ch' ella accetti questa commissione, e se la somma destinata le pare sufficiente per poter eseguire qualche cosa di sua piena soddisfazione. Riceva i più distinti complimenti della sig. contessa e le assicurazioni della mia profonda venerazione,

Suo um.° dev.^{mo} servitore
F. X. Fabre.

Je sais bien, mon cher et ilustre Canova, que la somme est modique pour votre talent. Mais je ne demande que ce que vous pouvez faire pour immortaliser mon attachement à cet ami incomparable que je pleure tous les jours, et que je pleurerai tous les jours de ma vie.

Louise de Stolberg, Comtesse d'Albany,
votre admiratrice (1).

Courrier par courrier, Canova répondit avec une visible satisfaction que cette offre le flattait, qu'il l'acceptait et, en indiquant le dessein général de son monument, offrit à la comtesse de lui en faire une esquisse: elle se déciderait ensuite à lui en ordonner ou non l'exécution en marbre.

Madama,

Dall' Emo. Cardinale segretario di stato Consalvi, ricevo il venerato suo foglio colla onorevole commissione di un monumento pel grande Alfieri. Il generoso pro-

(1) Bassano, Biblioteca Comunale, carteg. Canova, Lettere scelte, F.

getto è ben degno del nobil suo cuore, sensibile alla funesta perdita di un tanto amico e di un genio sì raro. Questo però non mi arriva nuovo, avendomene dato alcun cenno, mesi sono, il signor cavalier degli Alessandri, al quale risposi che io avea già rinunziato espressamente a depositi e a sepolcrali monumenti; atteso che le presenti e future mie occupazioni non davanmi luogo a nuovi lavori. Quando ciò dissi, non avea per anco fissata in mente una certa mia idea con cui mi studiava di dare un qualche tenero tributo a un tanto Vate, degno veramente di eterne lagrime. Questa, che dovea servire per solo sfogo dell' alta mia stima per Lui, consisterebbe nella semplice rappresentazione di due figure, la tragedia forse e l' Italia, addolorate piangenti davanti l' immagine sua, grandi al vero, in tutto rilievo col suo finimento sopra, alla maniera delle memorie greche sepolcrali; siccome un pensiero consimile di una sola figura, modellata da me, poco fa, alla memoria dell' egregio Volpato incontrò il generale compatimento, così vorrei lusingarmi che possa ottenere eguale sorte anche il secondo. Se questo, qualora riesca con qualche felicità e ne rimanga il pubblico soddisfatto, potesse essere compatibile alla gentile commissione sua, previo un piccolo disegno, resterà in arbitrio dell' adorabilissima signora contessa d'ordinarmene l' esecuzione in marmo, poichè per me solo non l'avrei che semplicemente modellato. Nel caso che sia accolta l' offerta, allora si parlerà del prezzo.

Frattanto grato e riconoscente al bell'animo suo, supplicandola de' miei rispettosi doveri al valorosissimo signor Fabre, a cui reputo superflua una risposta particolare, pieno della più profonda venerazione ho l' onore di dichiararmi

Di lei, veneratissima signora contessa, *etc.*
Antonio Canova (1)

Canova ne parlait ici, non sans habileté, que d'un haut-relief comportant une ou deux figures de grandeur naturelle, et ne voulait pas fixer encore de prix. La com-

(1) Rome, 12 mars 1804. Imprimée dans Reumont, Gräfin von Albany, II, p. 185-6.

tesse lui répondit sans aborder cette dernière question, mais en exprimant son regret que Canova songeât seulement à un monument en haut relief; elle aurait voulu une ou deux statues : c'est sans doute après entente avec son conseiller artistique Fabre qu'elle écrivit de nouveau à Canova, lui adressant cette fois une lettre entièrement autographe :

Je vous remercie, mon cher Canova, de vouloir bien vous occuper de l'hommage que je veux rendre à cet ami incomparable qui vous admirait autant que je le fais. J'aurais désiré une figure ou deux entières, mais je me remets à votre jugement et je suis sûre que vous ferez quelque chose digne de votre réputation, de la personne pour qui vous le faites, et de l'endroit où ce monument sera situé. J'attendrai donc le dessin avec impatience, et je me flatte que vous voudrez bien vous en occuper le plus tôt possible. Je vous en suis d'autant plus reconnaissante que je n'ignore pas les immenses occupations que vous avez, mais je désirerois que votre nom, qui fait honneur à l'Italie, fût uni avec celui d'un homme qui en fait la gloire; le mien se trouvera honoré de se trouver au milieu des deux. Je n'ai plus d'autres consolation *(sic)* que d'immortaliser mon attachement de vingt-six ans pour un si grand homme, et de le pleurer tous les jours de ma vie. Recevez de nouveau, mon cher Canova, l'hommage de ma reconnaissance et de mon admiration, Louise de Stolberg c. d'Albany.

M. Fabre me charge de vous offrir ses hommages (1).

Cette lettre semble avoir décidé Canova à se charger d'une façon définitive de la composition du monument.

(1) Bassano, Bibl. Comunale, *ibid.*, *Commissioni*, t. II. La lettre, datée du 12 mars seulement, a pour suscription: A monsieur | monsieur le chevalier | Canova. — La comtesse s'empressa d'annoncer cette nouvelle à ses amis; ainsi elle écrivait à son ami le baron de Castille le 23 mars 1804: « Je veux lui faire ériger un mausolée dans l'église Santa Croce par le célèbre sculpteur Canova, qui m'a promit (*sic*) de s'en charger (*Corresp. ined. de Mme d'Albany*, publiée par M. Charvet p. 50.)

Quatre jours plus tard, le 16 mars 1804, il écrivait de nouveau à sa correspondante : il lui promettait de s'occuper sans aucun délai de ce tombeau, malgré ses autres travaux, demandait quelques renseignements techniques sur l'emplacement qui lui était destiné, ses dimensions, l'éclairage ; il demandait aussi un médaillon ou moulage de la figure d'Alfieri d'après les portraits de Santarelli et de Fabre.

Madama, (1) Il venerato suo foglio è concepito in termini così espressivi ed obbliganti che l' animo mio viene maggiormente stimolato ad occuparsi, quanto più presto potrà, dello studio sull' ideata memoria per l' immortale Alfieri, il quale ha si giusti titoli sulla sua preziosa amicizia, come sulla stima e venerazione di chi non saprà mai ammirarlo abbastanza. E perciò vorrei pregarla di favorirmi alcun segno o solfo del di lui ritratto inciso dal bravo sig. Santarelli, cavandolo da quello si egregiamente dipinto dal valentissimo signor Fabre. A cui rinvio i sensi della mia perfetta considerazione. Così pure amerei di avere le precise dimensioni del sito in cui vorrebbesi esporre il monumento, e sapere insieme da qual parte verrebbe questo a ricevere il lume. Precauzioni troppo a me necessarie, perche nel caso che la concepita idea avesse la sorte d' incontre (*sic*) il voto della sua approvazione, si potrebbe agevolmente e senza disordine alcuno addattare nel loco a ciò destinato.

Col più profondo rispetto e ossequiosa venerazione ho l' onore di protestarmi

Di Lei

Divotissimo osserv^{mo} aff^{mo} servo

Antonio Canova

d. 16 marzo 1804, Roma.

---

(1) Pour ne pas alourdir inutilement les citations, je supprimerai, en publiant les lettres suivantes, les formules finales de politesse, et je me bornerai à indiquer en note la date et la suscription. Sauf cette suppression, toutes ces lettres sont publiées intégralement ; elles sont toutes, sauf indication contraire, tirées du fonds Fabre Albany à la Bibliothèque de Montpellier, et à ma connaissance du moins, sauf celles qu'a publiées Reumont, sont inédites.

Cette lettre fut le début d'une active correspondance entre l'atelier de Rome et le palais de Florence, entre Canova et la comtesse, qui, à vrai dire, se fit le plus souvent suppléer par Fabre. Elle nous fait assister jour par jour aux tâtonnements, aux hésitations de l'artiste, à la lente formation de son œuvre définitive.

Le monument d'Alfieri, tel que Santa Croce le possède aujourd'hui, n'est pas sorti tout d'un coup et du premier coup du génie de Canova. Celui-ci prépara d'abord une ébauche ou une maquette, (cela n'est pas spécifié dans nos documents), qu' il convia Mme d'Albany et Fabre à venir voir à Rome. Ils y vinrent en effet pour s'entendre de vive voix avec Canova, comme le montrent le début de la lettre du 9 novembre, et ce qu' il y dit de « l'ingénuité cordiale » qu'il a éprouvée personnellement et « qui lui a tant plu en Fabre et en madame la comtesse » ? C' est pendant ce séjour, que la comtesse fit sa commande formelle à Canova sous la forme suivante, préparée dans tous ses détails par Fabre, qui la lui fit sceller de ses armes, sur cire rouge. La commande est faite pour « *l'exécution en marbre du modèle* » déjà présenté par l' artiste. En voici la teneur (1):

Je m'engage à payer à M. le chevalier Antoine Canova huit mille écus romains, pour l' exécution en marbre du modèle qu' il a déja fait pour le monument du comte Victor Alfieri. Il se chargera pour cette somme de tous les fraix de l' exécution, excepté du socle en marbre gris, qui sera fait à Florence (2).

Je charge mes héritiers de regarder comme sacrée la présente déclaration et de l'exécuter ponctuellement, si je ve-

(1) L'original de cet engagement muni du sceau de la comtesse est à Bassano, *loc. cit.*, *Commissioni*, II; mais le prudent Fabre en a conservé avec soin une copie.

(2) *Bassano*: qui sera fait. *Montpellier*: qui se sera fait.

nois à mourir avant que le susdit monument fut entièrement terminé.

Fait à Rome, le 23 octobre 1804.

Louise de Stolberg, comtesse d' Albany.

M. le chevalier Canova aura le soin de me faire savoir dans le temps ce qu'il aura déboursé pour les frais du socle qui est immédiatement sous le bas relief, et dont il n'était pas question dans le marché du reste du monument.

Il est probable que ce premier projet ne satisfit pas complètement la comtesse et Fabre, qui en emportèrent un croquis, et Canova continua ses études préparatoires. Peu après le retour de la contesse à Florence, il adressa à Fabre la lettre que voici :

Preclarissimo Signore

Supponendo che arrivati a Firenze avranno mostrato a qualche artista e amico loro il pensiero della memoria sepolcrale al grande Alfieri, rimango col desiderio di sentirne per di lei mezzo il parere delle intelligenti persone che l'hanno veduto. M' imagino, anzi son pure sicuro, che mi si favorirà un tale riscontro con quella stessa cordiale ingenuità, che tanto mi piacque in lei e in madama la Contessa cui ossequio divotamente; giacchè possono esser convinti con qual piacere io mi sono studiato e mi studiero ancora di profittarne sopra il soggetto medesimo. Nessuno più di me ama di esser consigliato e corretto dove conviene ; e ben lungi dall' offendermene, mi faccio anzi un preciso dovere di ringraziare l' amichevole gentilezza di chi con una giusta e ragionevole critica cerca di stimolarmi a studiar meglio le opere mie, onde renderle meno immeritevoli dell' altrui compatimento. Specialmente in questa circostanza in cui io sono oltremodo ambizioso d' incontrare più felicemente che per me si possa il gradimento di madama, al di cui finissimo gusto e talenti io tributo la più ben sentita ammirazione.

Rinovo le mie offerte sincere nel servirla con perfetta stima e considerazione (1).

---

(1) « Lettre de la main de l'abbé Canova, au nom de son frère An-

Il y a ici une lacune fâcheuse dans notre correspondance. Une lettre de Fabre, qui contenait sans doute ses premières observations, est perdue. Il répéta, en réponse à cette lettre de Canova, ses remarques au sculpteur, notamment sur la figure de femme, dont la pose dans ce premier état ne semblait pas heureuse (on avait trouvé en général qu'elle avait la forme d'une cloche), et sur le piédestal, dont certains détails d'ornement paraissaient être inutiles. En même temps, il offrait à Canova un exemplaire des Œuvres d'Alfieri, soit par simple politesse, soit pour qu'à la lecture il prît une idée plus vive du poète, et un plus vif désir de faire un monument digne de sa gloire.

Firenze, 27 novembre 1804.

Signore,

Non avrei certamente indugiato tanto a rispondere alla lettera che mi ha favorita, se con la mia precedente non avessi prevenuto in parte il suo desiderio. Il suo disegno ha piaciuto generalmente; replicherò solamente che anche quelli che l'hanno veduto dopo la mia ultima lettera, compresovi Benvenuti, Santarelli, il cav. Boni, il cav. Pullini, vi hanno trovato la figura della *Donna* troppa *larga* nella parte inferiore; quasi a tutti, è uscita di bocca l'espressione « che ha un poco troppo le forme d'una campana ». Alcuni hanno suggerito il mezzo di piegarle un poco la gamba diritta, mi spiegherò meglio col segno quì accanto (1). Gli architetti particolarmente vorrebbero meno replicate le basi del busto, e che il piedistallo primo, fosse più larghetto; hanno pure trovato fuori di posto le scaiole che sono sotto il fregio, come non essendo motivate, quali sogliono essere sotto i canali di

---

tonio », dit expressément une note de Fabre. La letre est cependant signée du nom d'Antonio Canova. La suscription est identique à celle de la lettre précédente. Rome, 9 novembre 1804.

(1) Ce *segno* est un petit croquis informe que Fabre a griffonné en marge.

triglifi. A lei solo tocca di ammettere e di scartare queste dicerie. Per me ho cercato di meritare l' idea ch' ella ha concepita della mia sincerità, partecipandole quelle poche critiche, che sino a un certo segno, possono meritare qualche considerazione.

L' esemplare delle Opere del Conte Alfieri, che ho scelto per Lei, è ancora quì trattenuto, per non esporlo a essere rovinato dalle misure tremende che si prendono per allontanare da Roma la malattia di Livorno. Per buona sorte non ve n' è traccia in Firenze, e lei potrà maneggiare questo foglio senza ribrezzo, benchè lo riceva unto, e affumicato e profumato.

Se lei non ha ancora fatto uso delle misure che presi per mettere in piombo il suo Perseo, come le ho già detto, si deve mutar di posto fra pochi giorni, e spero allora rimediarvi perfettamente. — La signora Contessa D' Albany mi ha imposto di farle i suoi più distinti complimenti, come anche Santarelli. La prego di presentare i miei al suo signor Fratello, e di credere ai sentimenti di stima e di venerazione che le professerò eternamente (1).

Les observations de Fabre, de Santarelli, de Boni, de Benvenuti et des autres amateurs auxquels avait été montré le projet soumis par l' artiste à la comtesse, semblent n'avoir à ce moment qu'assez peu touché et ému Canova. Il s'empressa d'y répondre, non sans quelque nuance de dépit. Il n'en admettait du reste aucune : le mauvais aspect de la figure de femme ? effet d'un mauvais éclairage ; les ornements du piedestal ? nécessité technique ! Malgré les remerciements de pure politesse qu'il adresse à ses critiques, il paraît assez disposé à soutenir ses idées et ses conceptions personnelles :

---

(1) *Suscription*: A Monsieur, Monsieur le Ch.r Antoine Canova, Sculpteur à Rome.

Signore (1)

Con mio dispiacere deggio dirle non essersi da me ricevuta la lettera ch' Ella mi accenna, e della quale non manco però di esserlene grato come conviene, egualmente che le sono dell' altra gentilissima sua, con cui seguendo a darmi prove della di Lei sincerità e amicizia, mi presenta nuove osservazioni critiche sopra il disegno del noto monumento. Io veggo ben chiaramente quanto influisca a discapito della figura della *Donna* l' esser veduta e considerata a quel lume e non all' opposto, come ella medesimo ne può far fede. Onde voglio sperare che comparirà agli atti ancora tutt' altra da quella di prima, rimodellata che io l' abbia e riportata alla parte contraria. E ciò sia detto apparuto (?), perchè sono persuaso di quanto mi si fa gentilmente riflettere.

Sul proposito del piedestallo del busto, convengo che avrei saputo farlo più semplice, se non fossi stato obbligato a farlo cossi per riguardo anche del marmo che non mi permetteva di più allargarmi oltre all' aver dovuto ristringerlo per dar loco e aria, al quale non conveniva che il piedestallo soprastasse, ed adattarlo quindi a portata che la donna vi potesse appoggiare il gomito. Nella mutazione e trasposizione disegnata spero che questo pure vantaggierà, previe le riflessioni opportune che mi vengono favorite. Agli architetti poi che trovano male addattate le gocciole, bisogna certamente che non fossero presenti quelle del famoso tempio di Trassillo in Atene, riportate dallo Stuart nel volume II, cap. IV, fig. III, dove si veggono le gocciole continuare senza scrupolo alcuno dei canali de' triglifi corrispondenti. Io replico a tuto questo li miei sensibili ringraziamenti a lei, al sig. Santarelli, al caval. Boni, al cav. Benvenuti per le ottime considerazioni fattemi fare su questa opera la quale confido di poter correggere e migliorare in appresso, niente essendomi tanto a cuore che d' incontrare il genio di sì colte e savie persone.

Gradirò sommamente il prezioso dono delle opere del

(1) A Monsieur Mr Fabre, peintre très renommé, à Florence. Rome 7 octobre 1804. Cette date est un lapsus évident. Cette réponse à une lettre du 27 novembre ne peut être que du 7 décembre.

C. Alfieri, quando sarà cessato il rigore che si osserva attualmente pel contagio di Livorno, che grazie al cielo si va mitigando.

Canova, distrait per d'autres œuvres, ne commença pas tout de suite ce grand travail. Il lui fallait du reste laisser passer quelque temps pour pouvoir considérer avec sang froid son projet primitif, s' en dégager, le modifier. L'exécution en fut remise à son retour de Vienne, où il était alors appelé, et la comtesse semble avoir encouragé elle-même l' artiste à prendre le temps qu'il fallait pour juger son œuvre :

Le 18 juin 1805 (1).

Je suis charmée, mon cher chevalier Canova, que vous ayez reçu les livres que je vous ai envoyé (2). J'ai profité de la première occasion sûre pour vous les faire parvenir. Je suis persuadée que vous les lirez et les gouterez infiniment. Quand on a votre talent, on doit goûter tout ce qui est beau. Je désire vivement, pour vous et pour moi, que le monument que nous voulons élever soit digne de vous et de la personne à qui il est destiné, et je ne doute pas que vous ne fassiez tous vos efforts pour cela.

Quand vous aurez été quelque temps sans le voir, vous serez plus en état d'en juger; et un artiste de votre mérite, s'il veut écouter la voix de sa conscience, ne se fait jamais illusion, et il est plus que personne en état de juger de ses propres ouvrages quand il a été quelque tems sans les voir.

J'espère que vous passerez à Florence en allant à Vienne. Nous le désirons tous beaucoup, Puccini, Fabre et moi, et nous désirons de vous renouveler tous les sen-

---

(1) Bassano, *ibid.*, *Commissioni, II.* — *Susc.* : A Monsieur, Monsieur le Chevalier Canova. Rome.

(2) Allusion aux œuvres d' Alfieri dont il est question dans les lettres précédentes.

timents de notre admiration et de l'intérêt véritable que nous prenons à votre gloire. M. Fabre me charge de vous le dire particulièrement. Je vous prie de me rappeler au souvenir de votre frère et de me croire pour la vie

Votre amie et admiratrice,
Louise de Stolberg, comtesse d'Albany.

Les plus cordiales relations existaient dès lors entre Canova et Fabre, qui lui laissait, lui aussi, toute liberté pour la mise en train de son œuvre (1). Ce ne fut que huit mois plus tard que Canova en reparla :

---

(1) Entre autres preuves de cette cordialité on peut citer la lettre suivante de Santarelli et de Fabre à Canova. — Elle prouve aussi la touchante union de cœur qui existait entre Fabre et la famille Santarelli, et que Fabre devait publiquement manifester en désignant Emilio Santarelli comme son légataire universel : Firenze, li 17 ottobre 1805. Mio carissimo amico e padron, che sia benedetto da Dio, dal Gentilissimo signor Senatore Alessandri mi fu ricapitato le stampe de suoi bassirilievi, unito al grazioso libretto della canzone veneziana, che la mia consorte legge con grandissimo piacere, e m' impone a fargli infiniti ringraziamenti, come il simile fo io. Per la prima occasione che mi si presenta, non mancherò di mandargli li suoi ritratti, che spero li troveranno somiglianti in Roma come li trovano in Firenze. E salutandovi distintamente, insieme con la mia consorte, unito col signor Abbate Covolo, passo a dirmi inviolabilmente, Aff.mo Serv.e ed Amico Giov. Ant.o Santarelli

Il Signor Santarelli mi permette di approfittarmi del rimanente del presente foglio per farle i miei dovuti ringraziamenti per la gratissima di lui memoria, e per la stampa che mi ha favorita. L'ho gradita infinitamente: m'incresce solo che l'incisione sia tanto al dissotto dell'originale. Le direi di più, se non avessi accanto una Signora gentilissima che ha paura che manchi foglio per farle i suoi tanti e tanti complimenti, e dirle che impara a memoria il libretto che ha mandato. Mille saluti da parte di lei e mia al suo signor fratello. Suo amico e devotissimo servitore F. X. Fabre

Suscription: All' Illus.mo Sig.r P.ron Col.mo Il Sig.r Cav. Antonio Canova, Celebre Scultore — Roma.

« La nuova idea del monumento » commence à s' ébaucher, comme l'écrit l'abbé à Fabre, et Canova « *si lusinga della sua approvazione* » (1). Une quinzaine de jours plus tard, le 22 mars, il dit:

Subito che la nuova idea del monumento sarà alquanto più sviluppata, io m' incarico di darlene un minuto ragguaglio, e più appresso un qualche contorno. Si assicuri che ciò sta a cuore di mio fratello estremamente, il quale, grato ai di lei gentili saluti, la prega de' rispettosi suoi ossequii.

Ce ne fut qu'au début de l' hiver suivant que le modèle définitif du monument, sculpture et architecture, fut complètement achevé: au mois de novembre, au retour de Fabre d' un voyage à Paris, l'abbé Canova excusait encore son frère de n' avoir pas envoyé le moindre modèle en réduction, mais annonçait la prochaine exécution en plâtre du monument: en même temps il commençait à s' inquiéter de l' oeuvre d' architecture et des frais qu'elle entraînerait, tout en disant que Canova s' appliquerait à faire tout avec la plus grande économie:

Stimatissimo Signore,

Ho inteso il suo felice ritorno da Parigi (2): senza aspettarne un cenno positivo, le anticipo le mie congratulazioni e quelle pure del fratello. Appunto a nome suo, io deggio dirle, ed ella compiacersi di riferire a madama, che non si meravigli, ch' egli non abbia fatto per anche il modello in grande del monumento. Ogni artista, ed ella ben lo conosce per prova, quando meno la gente il creda, pensa, studia e travaglia più assai di quando tiene

(1) Lettre du 8 mars 1806.

(2) Ce voyage de Fabre à Paris n'a laisssé, ce qui est fort étonnant, aucune trace dans la correspondance de madame d'Albany.

lo scalpello tralle mani; specialmente in questa opera dovea a lui ciò succedere, obbligato per varie ragioni e nel tempo stesso di tanto interesse ed impegno. Dopo molte ricerche e prove molte, che non piacquero all'autore, si è egli infine fissato in una, la quale sopra le altre grandemente trionfa. Ecco che subito fassi fare in legno, e grande come dev' essere al vero, l' idea dell' opera, per poi modellarvi sopra una grandiosa figura. Egli spera che la signora Contessa ne sarà contenta non che lei, del cui suffraggio tanto si onora. Dal disegno che se ne manderà in appresso, ella vedrà come vuol riuscire molto più magnifico il lavoro del primo, e quindi molto più dispendioso per l' artefice. Ma non gli domanda verun compenso per questo: l' interesse è l' ultimo, per non dire nullo, frà suoi pensieri. La sua riputazione e l'onore dell' arte tengono il primo posto. Bensì prega Lei a volersi far mediatore presso madama onde persuaderla a far fare a suo tempo un pezzo di architettura di cui si manderà un espresso ed esatto disegno: l' opera si eseguirà a Carrara e sarà cura di Canova il farvi il massimo risparmio. Di tutto Ella è pregata voler far consapevole la Signora: e insieme presentarle i nostri ossequiosi complimenti (1).

Le premier des artistes florentins à qui Canova montra son projet monumental fut Benvenuti, et c' est par la description, parlée et peut être dessinée de celui-ci, que le connut la comtesse d' Albany. Canova ne voulait en envoyer une maquette qu'après voir modelé son proset en grand. Mais, dès le début de janvier 1807, il prévoyait que les « frais de socle » incombant à la comtesse dépasseraient de beaucoup ses premières estimations; il faisait venir un expert de Carrara pour en faire une évaluation plus rigoureuse: elle se monta à environ deux mille écus. Sans doute on aurait pu se passer de

(1) L'abbé G. B. Canova à Fabre. Rome, 28 novembre 1806. Suscription: A Monsieur Mr F. X. Fabre. Peintre célèbre à Florence.

ce piédestal, mais il complétait si bien et fesait si bien valoir l'œuvre de sculpture, qu' il était dommage vraiment d' y renoncer par économie:

In proposito della spesa che s' apparteria alla sig. Contessa fuori del contratto, mio fratello attendeva di Carrara una persona per farne un espresso scandaglio. Quando ciò sia, non tardarò un istante a rendernela avvertito. Ben mi persuado che il signor Benvenuti le avrà a quest' ora dato una idea del nuovo progetto, che ora si sta preparando, e forse forse avrà avuto la previdenza di delineare loro uno qualche abbozzo. Io lo vorrei ad ogni modo mandare. anche subito se potessi, ma sosta fin tanto chè ei l'abbia modellato in grande, onde se ne possa cavare una più esatta e precisa idea. Si potrebbe fare a meno del basamento, quando madama non trovasse ragionevole di sag . . . . . Ma l' opera per tal difetto verrebbe a perdere . . . . (1) della sua magnificenza. Ella stesso, giudice competente più d' ogni altro, ne converrà a colpo d' occhio. Per altro si tenterà ogni mezzo per far avere alla sig.ra Contessa tutti gli avantaggi possibili anche per questo articolo . . . .

Dans le courant de janvier, les praticiens de Canova construisirent en bois le modèle architectonique du monument en grandeur naturelle, et commencèrent la maquette en plâtre. Canova espérait pouvoir y mettre lui-même la main dans peu de temps, et se flattait d' avoir modifié « dans son essence » son projet primitif.

(Roma 31 janvier 1807).

Ora si sta mettendo la creta per il monumento già preparato di legno per quel che riguardane l' architettura. Spero che frappochi giorni sarà al termine che Canova potrà lavorarsi egli medesimo. Quando ella ne vegga un qualche disegno, resterà convinto della differenza sostanzialissima che passa da questo secondo pen-

---

(1) Il y a ici quelques mots déchirés dans l' original

siere al primo; e dell' impegno insieme del fratello per produrre una opera non indegna del sommo vate, senza badare a spese maggiori che gli corrono per questo oggetto. Quelle che possono spettare a Madama, io credo non arriveranno alli due mille scudi; ma non le ne posso dare una informazione precisa per anche. Forse, non volendo, potrà farsene senza; ma quando vedrà l' idea, troverà probabilmente ragionevole l' intraprenderla.

Il fallut trois mois encore pour dresser la maquette en grandeur naturelle de cette oeuvre colossale. Les artistes florentins qui passaient à Rome allaient chacun à son tour voir l' état d' avancement des travaux; après Benvenuti, ce fut Onofrio Boni que Canova chargea d' en porter des nouvelles à la comtesse. Il désirait vivement la montrer à celle ci et à Fabre, dans son atelier, à l'état d' ébauche; il comptait sur une visite de sa cliente à Rome pour l' automne de 1807:

(Rome, 28 mai 1807).

Abbiamo qui il ch. cav. Onofrio Boni, dal quale, quando ritorni a Firenze, aver potrano le relazioni precise dello stato del monumento alferiano. Si fa ora il gesso della Figura colossale, e tosto si mette in punto tutta l' architettura dell' opera. Io mi tengo in mano la sua promessa venuta a queste parti nel prossimo autunno, giacchè il viaggio di Francia dell' anno avvanti ne tolse il bene di vederla effettuata al tempo destinato.

Oh! quanto è questa desiderata da mio fratello, impaziente di far vedere alla Dama il nuovo pensiero dell' opera (1).

Entretemps, Canova s' excusait de n' avoir encore envoyé aucun croquis du monument:

---

(1) Ces trois derniers textes sont des fragments de lettres de l' abbé Canova.

Pregiatissimo signor Fabre,

Con un bozzetto dipinto, volevo dare a Lei e alla veneratissima Signora contessa, la nuova di aver finito, con quanto amore possibile, il nuovo modello in grande del noto monumento; ma un' incomodo di salute accaduto al pittore fa sì, che non debba più oltra ritardare a darle di mia mano questa nuova; altrimenti temerei di cadere in una vera mancanza.

Io mi vado piacevolmente lusingando che si effettuarà quanto Ella ha fatto sperare a mio fratello, cioè, che nel venturo ottobre, ella verrà qui Lei con la signora Contessa, a cui è pregato voler fare i miei ossequiosi doveri. Voglio (*sic*) il cielo dunque che questo si adempia, così prima di por mano al marmo (giacchè ben felicemente lo tengo per la figura che sarà grande 14 palmi), potrei sentire il loro sentimento, che per ogni titolo devo tanto rispettare (1).

Ce n' est pas sans quelque légère impatience que Fabre répond à cette lettre et à cette nouvelle excuse de Canova, qui pouvait bien paraître une mauvaise défaite. La comtesse s' inquiétait de n' avoir encore aucun renseignement exact ou aucune description précise de l' œuvre modifiée et définitive; les visiteurs qui l' avaient aperçue dans l' atelier de Canova ne savaient rien en dire de précis. La comtesse faisait inviter ce peintre (« malade ou non », était sous-entendu) à terminer et à envoyer au plus vite à Florence son esquisse:

Firenze 25 agosto 1807

Molto male a proposito si è ammalato quel pittore da lei incaricato di transmettere alla signora contessa d'Albany l'idea del suo nuovo monumento; si deve facilmente persuadere con quanta impazienza ne sia aspettato il disegno, poichè non ne abbiamo qui veruna idea

(1) Ant. Canova à Fabre, Rome, 15 août 1807. Même suscription.

precisa. Alcune poche persone si sono qui vantate di aver veduto il suo modello, ma tutte hanno balbettato quando lor ho domandato qualche particolarità su di esso. Sono come gli idoli (*sic*) del salmo: « Oculos habent et non videbunt. » Il peggio si è che non mi pare probabile che la signora contessa si decida a venire quest'autumno a Roma; alcuni affari particolari la distoglieranno da questo viaggio, e ne è dolentissima. Così non si scordi di rammentare al sudetto pittore di terminare l'incominciato disegno, e ce lo mandi più presto che le sarà possibile. Di tanto la prega la signora Contessa, e mi prendo la libertà di unire i miei ai suoi preghi. Giacchè la fortuna vuol che si trovi nel suo studio un marmo adattato all'esecuzione del finito modello, essa si lusinga che presto presto vi farà mettere le mani e non avrà pace se non quando sarà collocato al destinato posto.

La signora Contessa mi prega di riverirla distintamente e per parte mia la prego di gradire l'assicurazione dei caldi e sinceri sentimenti che le professo di cuore.

Faccia i miei distinti complimenti al suo signor fratello subito che sarà tornato da Venezia; aspetto il suo ritorno per rispondere alla lettera che mi favorì prima della sua partenza (1).

Ce fut seulement un mois plus tard que l'esquisse peinte du monument fut envoyée à Florence. Canova n'était pas très satisfait lui-même de l'œuvre de son peintre, Benedetto Nicchi; il regrettait que le croquis n'eût pas été pris de face. Il ajoutait quelques indications sur les dimensions du monument et sur la saillie du piédestal « aussi accusée que celle des marches des autels latéraux ».

La question des frais du piédestal et des travaux d'architecture n'avaient pas encore été, comme on l'a vu, réglée d'une manière définitive. Canova en parle de la façon la plus désintéressée, en offrant de payer une partie de ces frais

---

(1) Bassano, *ibid. Lettere.*

de marbres et de leur transport jusqu' à Florence, dans une longue et intéressante lettre du 25 septembre 1807:

Pregiatissimo signor Fabre (1)

Le invio in dipinto il modelletto del noto monumento. Avrei preferito chel fosse stato [preso] col punto in mezzo, perchè si avesse veduto anche buona parte dell' altra linea verticale dell' urna; ma per farla conoscere di fianco, così si è fatto. Voglia il cielo che la composizione possa meritarsi i suffragî del fino di lei gusto, e quello della pregiatissima Signora Contessa, che deve in primo loco esser contenta. Comunque però (2) possa essere, mi dicanno schiettamente tutto, onde al caso possa cercare di renderli contenti.

Fortunatamente da dovero tengo pronti li pezzi per l' urna ed il masso per la figura. Se questo si dovesse ora far venire da Carrara, si avrebbe forse a pagare tre o quattro mila scudi di gabella, tanto exigendone per altro pezzo di circa simile, (3) grandezza.

Parmi sentire che Lei desideri ch' io le parli della spesa dell' architettura. Eccomi. La signora contessa darà altri due mila scudi, ed io le darò il resto dell' architettura condotta insino (4) Firenze. Facendola eseguire, (5) a Carrara, non si paga (6) gabella e collà io tengo persona che cercherà di far bene e col risparmio possibile. Eseguendo la prima idea, la signora contessa dovea (se le è presente) darmi per certo (7) masso del basamento. Ora non darà più quello, non pagherà le casse dell' ar-

---

(1) *Suscription*: « Al celebre pittore signor Fabre con una cassetta segnata al suo nome. Firenze. » Cette boîte renfermait l'esquisse de Nicchi. — Une minute de cette lettre est conservée à Bassano; elle présente avec l'original quelques variantes que je donne en notes.

(2) *Var. Bass.* se vi

(3) *Var. Bass.* come per qualche altro che devo far venire tanto mi si chiede.

(4) *Var. Bass.* anche vicino a.

(5) *Var. Bass.* fare.

(6) *Var. Bass.* pagherà.

(7) *Var. Bass.* per il marmo.

chitettura, nè la condotta. Così da Roma non dovrà far condure a Firenze che la sola statua e l' urna.

Io spero che vedranno (1) con quanto impegno e disinteresse io abbia proceduto in quest' affare. Se poi alla signora non convenisse (2) questa maggior (3) spesa, si potrebbe farla (l' architettura) di stucco. Può sentire anche qualche scarpellino di costì etc. (4).

Il bozzetto è stato dipinto dal sig Benedetto Nicchi. Questo bozzetto non potrò lasciarlo nelle loro mani che due mesi (5), mentre (6) mi conviene (7) di metter il modello grande per lavorare, ed allora io resterei senza disegno e senza modello del tutto insieme.

L' altezza del monumento, dalla sommità del coperchio dell' urna sino a terra sono palmi 19 e once 8, così la sua larghezza. Avanzarà fuori dal muro all' incirca quanto tutti i gradini degli altari o poco più. La supplico de' miei più distinti ossequi alla Signora Contessa e mi protesto pieno di vera stima ed amicizia.

Roma 25 Settembre 1807.

P. S. Mio fratello si ritrova ancora alla Patria ed è libero dalla terzana soltanto da pochi giorni. Tanti saluti al deg.mo sig. Santarelli.

Div^{mo} obb^{mo} servo ed amico
Antonio Canova.

Ce nouveau projet fut aussitôt soumis par la comtesse à l' appréciation de ses amis, et minutieusement étudié par Fabre lui-même. Mme d'Albany se réserva le plaisir d'exprimer à Canova les éloges que méritait son œuvre, en le prévenant que Fabre lui ferait plus tard de menues critiques:

---

(1) *Var. Bass.* ajoutez chiaramente.
(2) *Var. Bass.* la signora volesse fare.
(3) *Var. Bass.* nuova.
(4) *Var. Bass.* ma anche in questo modo vi sarebbe poco risparmio.
(5) *Var. Bass.* circa due mesi
(6) *Var. Bass.* perchè.
(7) *Var. Bass.* che facia.

6 octobre 1807

J'ai reçu, mon cher et illustre Canova, le petit tableau que vous m'avez envoyé de l'ouvrage que vous voulez bien faire pour moi. J'en suis très contente, et il est digne de vous. Nous avons rassemblé des artistes de Florence qui l'ont admiré, et M Fabre, qui vous présente ses hommages, vous rendra compte des *petits riens* que ces Messieurs ont observés. Tout cela parceque vous l'exigez, et qu'un homme de votre mérite veut qu'on lui dise la vérité. Et on peut l'entendre quand on fait d'aussi belles choses. J'espère que votre santé est bonne. Conservez-la pour augmenter votre gloire, si cela est possible. La mienne sera d'avoir mon nom uni au votre. Comptez à jamais sur mon estime et ma tendre amitié, car votre cœur est égal à votre talent, et conservez moi y (*sic*) une part et regardez moi comme votre amie.

Louise de Stolberg, Comtesse d'Albany (1).

Canova remercia le 17 octobre la comtesse de son approbation, en se félicitant d'avoir pu mériter les éloges d'une personne d'un goût aussi fin que Mme d'Albany. Il n'attendait plus que les avis de Fabre pour attaquer le marbre. Nous savons par sa lettre précédente qu'il avait depuis longtemps les blocs de Carrare destinés à la figure et à l'urne; heureuse précaution, disait-il, qui épargnait trois ou quatre mille écus de droits de douane, ces droits ayant été tout récemment augmentés par un nouveau tarif.

Veneratissima signora.

Il potersi meritare l'approvazione del fino gusto della signora contessa d'Albany è cosa assai seducente per

(1) Bassano, *ibid. Commissioni*, II. *Suscription*: Al chiarissimo signor cavaliere Antonio Canova, a Roma.

un artista, ed io intendendo ch'Ella sia restata assai contenta dell' idea del monumento, sento che il mio amor proprio se ne compiace di molto; di modo chè, subito che avrò posto in esecuzione quanto il degnissimo amico sig. Fabre favorirà dirmi, farò tosto por mano al marmo, onde cercare ogni via di compiere il lavoro con la solecitudine maggiore, per meritarmi anche con questo viemaggiormente il suo gradimento.

Mi continui intanto la preziosa sua grazia, ch' io non potrò mai cessare di essere quale col più ossequioso rispetto ho l' onore di protestarmi, ecc. (1).

Fabre rédigea aussistôt les critiques ou observations faites par les florentins et demandées, ou du moins attendues, par Canova. Il se bornait à répéter que le projet avait été vivement loué, que tous les visiteurs avaient été surtout frappés de la majesté de l' ensemble et de l' *effet* que le monument mis en place produirait certainement. Mais son rôle était d'exprimer, non des éloges, mais des critiques, et il avait appris, un peu à ses dépens, à connaître l'extrême susceptibilité de son confrère Canova. Aussi ménagea-t-il avec une prudence minutieuse ses observations: après une première rédaction à laquelle il fit diverses corrections, il reprit de fond en comble son projet de lettre, et y résuma, modéra et allégea fort ses critiques. Il a gardé ses deux brouillons, et il est intéressant de les publier tous les deux, comme marques de la délicatesse de sa critique, de son désir de ménager et de flatter l'amour propre de Canova. Voici d' abord le brouillon avec ses corrections d' après la minute conservée à Montpellier. On lira ensuite la lettre envoyée, d' après le texte de Bassano:

Eccomi a ringraziarla dell' ultima lettera favoritami ed a renderle conto delle chiacchere che si sono fatte

(1) Roma, 17 ottobre 1807.

sopra il suo bellissimo progetto. Non starò a ripetere gli elogii generali di cui sarà probabilmente sazia; qui sono stati abundantissimi e tutti, artisti o no, sono stati generalmente colpiti della maestà dell'insieme e dell'effetto indubitabile che ne deve risultare; passerò dunque a quelle piccole critiche che ad alcuni sono uscite di bocca e che ho diligentemente raccolte (1).

Si desidera (2) di distinguere chiaramente in che maniera la corona in testa della figura vi (3) stia ferma; si vorrebbe l' acconciatura de' capelli più ricca in maniera che la base della corona fosse persa fra essi. A questo proposito si rammentavano le tre figure di basso rilievo di villa Borghese, etc. Alcuni desideravano che la mano destra fosse appoggiata alla guancia, senza pure tenere il manto, credendo che quel foro tra il braccio e la testa potesse alleggerire la forma della parte superiore della figura. Si è trovato un poco di simmetria nel partito delle pieghe del manto, cioè tra quella parte che ricade sopra l' urna, e quell' altra che siffatte sotto la cintura va cadendo in terra.

Ed a tutti generalmente ha dato nell' occhio quell' orlo del manto, che dalla stessa cintola taglia in mezzo il corpo, la coscia, il ginocchio, e la gamba (4), visto dal punto di dove è stato dipinto il quadro. Si è domandato perchè tre corone e tre lire (mentre se ne suppona una nel fianco dell' urna che non si vede): ho risposto del mio che probabilmente dovrano indicare i tre generi di poesia tentati dall' autore cioè tragedia, commedia e satira. E, supposto che abbia indovinato, si vorrebbero le tre corone più riunite e sulle tre lire qualche carattere de' generi diversi che rappresentano. Trovano il medaglione attaccato un poco troppo in alto; pare che il chiodo resti piantato tra gli ovoli della cornice. Si vorrebbe più in mezzo dell'urna quel rosone in mezzo del piede dell' urna circadito di quell' ornato, date un poco l' idea di

---

(1) « quando mi » *effacé.*

(2) [« desiderava » *effacé*] [« che le corone in testa delle figure » *effacé*].

(3) « era siffatta » *effacé.*

(4) [« al meno » *effacé*].

una cassetta si vorrebbe quasi liscio. E finalmente il parere generale ha condannato quelle ghirlande che circondano la base inferiore, come avendo qualche cosa di troppo *festivo* (1). E nel caso che non si metta ostaculo all'iscrizione che Alfieri si è composto da sè, la forma del cartello che la deve continere dovrebbe esser cambiata: ma questo per ora è assai indifferente.

Respiro al fine e sono fuori dell' obbligo che avevo contratto di parteciparle *tutte tutte* (2) le critiche che avrei potuto raccogliare. È cosa certa che trovate, giuste (alcune almeno), possono un poco giovare al monumento; se paiono ridicole, non l'avranno guastate certamente. Non le farò il torto di scusarmi sulla mia sincerità. Se avessi meno a cuore la sua persona e la sua riputazione avrei potuto tacere e fare eco alle lodi generali; ma queste a Lei non servono a niente e una mezza critica buona fra cento cattive può essere di qualche utilità.

Mi rimane a dirle due parole sull' aumento di due mila scudi. Se Lei crede necessario di eseguire la base inscrita e con questi ornati che vi ha disposto (3), la signora Contessa sottoscriverà a tutto ciò che le ha chiesto. Si poi credesse quelle ghirlande inutili, riducendosi la base a della lastre semplice di marmo, si potrebbero facilmente eseguire in Firenze e allora sarebbe forse necessario diffare diversamente. Tutto questo è in lei e si attenderà su di ciò la sua gratissima risposta.

Firenze, 27 8bre 1807

Signore riveritissimo (4)

Mi ha sconcertato non poco la data della lettera che con l' ultimo corriere ha ricevuto da lei la signora contessa d' Albany, mentre gli eredi del sig. Filippo Hachert,

---

(1) [« Si preferirebbe che » *effacé*].

(2) [« ciò che » *effacé*].

(3) [« cioè quelle ghirlande » *effacé*].

(4) Le début de cette lettre, jusqu' à « *Ella ha di già saputo* », ne se trouve que dans la lettre envoyée à Canova, aujourd'hui à Bassano. Je donne en note les différences que le brouillon de cette seconde lettre présente avec son texte définitif.

che erano a Roma nel di lei studio il di 10 del corrente mese e a Firenze il di 13. mi avevano assicurato che da pochi giorni lei era partito per Napoli. Non attribuisca dunque a negligenza la mia tardanza ad inviarle la presente lettera: aspettavo per ispedirla di saperla in Roma.

Ella ha di già saputo per mezzo della signora Contessa il pienissimo incontro che quì ha havuto il suo nuovo modello. Non ripeterò dunque che lodi che generalmente e dovutamente gli si sono date, ma le parteciperò bensì con la mia solita sincerità le debolissime critiche che ho potuto raccogliere e sono le seguenti.

Alcuni hanno desiderato che la mano destra non tenesse il manto, stimando che quel foro che ne risulterebbe tra essa mano e la testa potesse alleggerire la parte superiore (1) della figura. Ha pure dato un po di fastidio quel lembo del manto che dalla cintura scende in terra, tagliando (dal punto dove è stata dipinta la figura) il corpo, la coscia, il ginocchio, e la gamba in mezzo quasi per l' appunto. Come pure, vista dallo stesso punto, è parso un poco simmetrico il partito delle pieghe che ricadono sull' urna con quelle che dal fianco cadono in terra. — Alcuni vorrebbero (2) il ritratto (3) d' Alfieri attaccato un poco più basso, [il chiodo che lo regge pare piantato] (4) fra gli orli della cornice. — Sono stati pure creduti inutili quel rosone con quella cornice che stanno sugli zoccoli che reggono l' urna. — Si è domandato perchè tre corone e tre lire (mentre si suppone un' altra lira (5) sul fianco dell' urna che non si vede.) Credo a questo proposito di aver risposto secondo la sua intenzione; ma aspetterò la sua risposta per appagare pienamente (6) questa domanda.

Finalmente a tutti pienamente quei festoni di fiori che circondano la base inferiore sono parsi superflui in

---

(1) B. « il contorno superiore ».

(2) B. « Si vorrebbe ».

(3) B. « medaglione ».

(4) Addition à B.

(5) B. « una terza ».

(6) mot ajouté.

un monumento di tanto carattere (1): si è creduto che quella base soda, liscia e semplice, dovesse essere più adatta.

Non le farò il torto di scusarmi presso di lei della mia estrema sincerità; aggiungerò al contrario, che aderisco alla maggior parte delle suddette critiche, confessando però che le stimo così poco importanti, che poco o nulla possono togliere od aggiungere al suo bel modello, approvate o rigettate che siano dal suo ulteriore giudizio.

In quanto all' aumento richiesto per la parte architettonica, la Sig.[a] Contessa aderirà a tutto ciò che lei crederà conveniente; ma se per caso, credesse ancora lei che quei festoni di fiori siano affatto inutili, riducendosi allora quella base a delle lastre di marmo con una semplice cornice, si potrebbe forse facilissimamente farli eseguire in Firenze, insieme con la lira e le corone dello zoccolo superiore. — Ma su questo tocca a lei pienamente a decidere e secondo la la sua risposta la signora Contessa aderirà *formalmente* alla sua domanda.

Intanto, etc. (2)

Ces critiques se réduisaient en somme à fort peu de chose: on demandait que dans la figure de femme, la main droite ne tînt pas le «manto», mais s'appuyât seulement sur la joue; on blâmait la symétrie des plis de la draperie qui recouvraient l'urne et de ceux qui retombaient par terre; on souhaitait que le médaillon d'Alfieri fût placé un peu plus bas sur le socle; on conseillait la suppression des fleurs et ornements qui surchargeaient la base, et qui semblaient trop gais pour un monument funèbre; et on ne s'expliquait pas pourquoi Canova y avait sculpté trois lyres et trois couronnes. Fabre pensait toutefois qu'il

(1) B. «superflui come avendo qualche cosa de troppo allegro per un simile monumento».

(2) *Suscription*: A Monsieur Monsieur le Chevalier Antoine Canova, Sculpteur célèbre, Strada del Corso, a Roma.

avait voulu par là symboliser le triple génie dramatique, comique et satirique, du poète astésan — Canova s'empressa de répondre à ces observations par une justification en règle sur tous les points, inspirée tantôt de l'autorité de l'antique, tantôt de motifs techniques, tantôt du désir de faire comprendre le sens du monument à première vue et sans le secours d'ancune l'inscription :

Mi è (1) stata e mi sarà sempre grata e utile la sua amichevole franchezza. Per massima mia naturale, preferisco la critica che istruisce alla lode che corrompe Colla stessa sincerità con cui Ella me le partecipa, io m' ingegnerò di ribattere le diverse critiche fatte al mio monumento, assoggettando a Lei, artista intelligentissimo, le ragioni del mio operare. In primo luogo non mi pare che la pensino troppo bene quei che vorrebbero che la mano destra non tenesse il manto. A fronte della mia (2) moderazione, io deggio pure francamente dirle che non sono punto persuaso di farvi alcun cambiamento, e che anzi stimarei certamente di minor successo l' espediente suggerito di alleggerire la parte superiore della figura, permettendosi quel foro che risulterebbe tra la mano e la testa, che sarebbe perdere della espressione e della grandiosità; (3) quantunque io con tal mezzo potessi guadagnare qualche mese di lavoro.

Io non saprei così sui due piedi renderle stretto conto (4) di tutte le ragioni che mi hanno indotto a gettar (5) quel lembo del manto (6) così e non altrimenti; avendo quella piega una incatenazione con tutte le altre

---

(1) Cette lettre existe sous deux formes : la minute à Bassano, la lettre envoyée, à Montpellier. Nous donnons la première dans le texte la seconde en notes.

(2) Solita.

(3) eppure seguendo il proposto suggerimento.

(4) delle molte e varie.

(5) qualche

(6) in tal modo.

linee (1), per cui io non (2) fui capace, [ne lo sono finora], (3) di far meglio, né (4) ora saprei vedervi un miglioramento favorevole al tutto.

Posso bensì assicurarla ch'esso non diede (5) mai nelli occhi a persona, e che a nessuno parve di vedere (6) quella pretesa simmetria di pieghe (7), ch' ella mi accenna e (8) ch' ella forse al vedere l' opera non saprebbe trovare.

Il ritratto d' Alfieri non (9) potrebbe dover esser piantato più basso [di quel ch'egli è, sendo il suo posto (10)] Gli zoccoli vengono in qualche parte coperti dalla fettuccia soltanto, cosa che mi pare far bene più che altro; (11) più bassa la medaglia avrebbe turbato quel ragionato riposo tra la sottoposta base (12), che suppone, che volendosi abbassare il ritratto, saria dovuto ritrarsi anch' essa più giù. E poi quando mai io ne avessi coperti degli oroli (13) collo stesso medaglione, non mancheriano (14) esempi (15) antichi a (16) mio favore. Al mio gusto quei due piedi dell' urna, senza sembrare esservi ornati, vorrebbero porsi troppo nudi (17); avendo gli antichi fatto sempre queste parti

---

(1) a segno che io.

(2) son stato.

(3) Les mots entre crochets supprimés.

(4) tampoco.

(5) diede per anco noja e fastidio.

(6) rinvenire.

(7) di posito di pieghe.

(8) mi lusingo non saprebbe Ella medesima rilevare nell'opera vedendone il modello.

(9) mi parebbe, secondo il modo mio di gustare, che volesse esser piantato.

(10) Les mots entre crochets supprimés.

(11) Se la medaglia dovesse esser tirata più bassa, ecco turbato subito quel *ecc.*

(12) base e il festone, che volendosi abbassare il ritratto necessariamente dovrebbe anche esso rilevarsi più giù.

(13) colla stessa medaglia.

(14) mancherebbero.

(15) illustri e antichi.

(16) defendermi.

(17) avvertito che sia aver sempre gli antichi usato di lavorare.

con qualche ornamento. — Le tre lire e le tre corone (1) volevano meritamente essere impiegate per ornare la tomba d'un (2) tragico, comico, satirico poeta (3) e delle medesime ne avrà già vedute di molte sui cippi cinerarj, ed urne di Poeti e non Poeti, oltredichè potrei in questo addurre qualche antico monumento; ho voluto porre tre lire unite coll' avvertenza, che per qualunque accidente, il bassamento, e l' urna sola, tanto di fianco che di faccia, potessero avvertire il riguardante essere sacra alle ceneri di un Poeta, cosa che sembra assai interessante .... che il marmo si spiega da se senza veruna iscrizione al soggetto a cui appartiene.

Se con tutto ciò non piacciono le tre lire, saranno soppresse al primo suo cenno per dar loco a tutto quello che ella crederà bene di sostituirvi. Non meno delle tre lire e delle tre corone (4), giudicherei superflui gli festoni tutti all' intorno della base inferiore. Se fosse questa come si vuole spoglia e nuda d' ogni ornamento coll' esser alta già sopra ben otto palmi, né potendosi far più basso, sarebbe indubitabilmente troppo liscia, e verrebbe a ingentilire di troppo l' urna e il rimanente. Al contrario, (5) in questo modo que' festoni incatenano, a parer mio, assai

(1) parevano aver questo titolo di essere.

(2) scrittore.

(3) Le passage suivant a été complètement modifié dans la lettre envoyée: « Una corona sola era poi troppo indecisa: Ella medesimo ne avrà già vedute di molte su cippi cinerarî ed urne di poeti e non poeti ecc. Sebbene potrei quì pure valermi di qualche antico esempio, ho voluto porre tre lire anche colla idea che, per qualunque possibile accidente, il basamento, anzi l' urna sola, tanto di fianco che di fronte sapessero avvertire chi guarda, senza bisogno d' iscrizione, esser dessa sacra alle ceneri d' un poeta: avvertenza che mi è sembrata di qualche importanza, che il monumento cioè da se stesso sappia spiegarsi senza che altri gli faccia dire a chi [e perchè *effacé*] vien eretto. Se però non piacciono, *etc*.

(4) in questa guisa.

(5) a legarsi.

bene coll'iscrizione, e sono insieme con essa (1) richiamati naturalmente dalle due corone e dalla lira del secondo zoccolo; il quale dovrebbe (2) spogliarsi di ogni accessorio, non potendo questi aver ragione di esservi, quando mancasse la concatenazione dei festoni di sotto, che li chiamano a quel loco, e forse a stento allora vi saprebbe star bene la lapide.

Per levarmi ogni scrupolo, ho voluto io stesso farne (3) venerdì trascorso la prova, levando da una parte i festoni; e con tal tentativo (4) mi sono più che mai persuaso della verità di queste riflessioni. Ah! perchè non ha ella potuto fare una gita a Roma, onde procurarmi il comodo e il bene di consultarla, e valermi delle saggie sue osservazioni? Altro è (5), com'ella può insegnarmi, giudicare di un'opera da un disegno in piccolo, altro è vederne il modello reale e in grande! Io le giuro che s'ella (6), venendo quì a vederlo, avesse trovato veramente giusta (7) qualcuna delle tante critiche, non avrei esitato un momento a seguire in tutto e per tutto gli (8) ordini suoi .... cambiando e correggendo dove fosse bisogno, perchè io stimo e venero il suo suffraggio sopra quello di molti.

Or ella (9) ben vede che io metto alla prova la sua

---

(1) subito perdere ogni ornato suo che sopra esso non avrebbe più ragione di esservi.

(2) ho giudicato ragionevoli gli festoni. Ben altro che trovarli superflui e insignificanti; crederei anzi che se questo zoccolo fosse tutto spoglio e nudo di ornamento per essere alto già sopra otto palmi (non potendosi tenerlo più basso a motivo di dover empiere un locale sì vasto)

(3) immediatamente una.

(4) ancora più ne sono convinto della convenienza di queste considerazioni.

(5) come Ella ben sa.

(6) venuto già a.

(7) alcuna delle anzidette.

(8) Gli ottimi suoi pensamenti cambiando e correggendo.

(9) Autre passage modifié: « In generale per finirla una volta posso candidamente farle fede, che tutti li professori ed in particolare M. Paris, già architetto del Re di Francia, a lei ben noto, applaudirono al

amicizia sfogando l'animo mio con lei senza riserva. Deggio prevenirla che li festoni non sono altrimenti di gran rilievo: al più di tre oncie di palmo romano. (1) Che se crede bene di far fare costà li due zoccoli, con li festoni, si facciano, che io ne sono contentissimo. In questo caso io manderei a Firenze il disegno esatto in grande delle misure dei pezzi che li compongono. Riserberei per me da lavorarsi in Roma il pezzo delle due corone e colla lira per accompagnarlo coll' altro pezzo indicato a piedi della (2). . . . base dell' urna dovendo essere d'un pezzo

---

monumento e all' economie degli ornamenti. Da tutto questo discorso Ella ben conosce che io metto alle prove la sua amicizia, permettendomi con Lei un libero sfogo senza riserva ».

(1) La fin de la lettre est absolument changée. Voici la forme dans la lettre envoyée à Fabre: « Se si crede bene di far fare a Firenze li due zoccoli con li festoni che non avranno di rilievo più di 13 oncie di palmo romano, io ne sono contentissimo. In questo caso manderò costì le misure in grande dei pezzi che li compongono, ritenendo da essere lavorato in Roma da me il pezzo colla lira e le corone, onde accompagnarlo coll'altro pezzo immediato sotto a' piedi della figura; e manderei pur anche allo scalpellino una mostra di marmo di questo secondo zoccolo, perchè esso cercasse di accostare la linea degli altri due corrispondenti. La base dell'urna, dovendo essere d' una lastra sola e grande, potria benissimo farsi lavorare anch' essa costì, coll' avvantaggio di minorarne la spesa del trasporto.

Qualora la sig. Contessa sia contenta di far eseguire tutti questi cepi (?) d' architettura costà, io sono ben lungi da domandare verun aumento; non essendo per nulla mio scopo d'avvantaggiare in quest' opera, ma sibbene di farmi onore e di meritarmi l'ambizioso compatimento e approvazione di persone tanto rispettabili.

P. S. L'ab. mio fratello ritornato questi giorni da Venezia, dopo cinque mesi d' assenza, ha voluto farmi da segretario per risparmiare a Lei l' incomodo d' una di lui lettera di complimento. Gradisca per tanto le assicurazioni del suo cordiale rispetto e attaccamento.

È vero che io ho dovuto passare a Napoli per qualche giorno. »

(2) Les points remplacent ici les lacunes ou ratures indéchiffrables du brouillon.

solo o grande . . . . . Si potria far lavorare costì, appunto per minorare anche la spesa del trasporto. Manderei pure anco un pezzo di marmo del secondo zoccolo, ciò perchè lo scarpellino vedesse di accompagnarle per lo . . . . gli altri corrispondenti.

Io non domando alcun aumento al prezzo, qualora la Signora Contessa sia contenta di far eseguire . . ! . . . . a sue spese in Firenze: quantunque sia a me cresciuto il lavoro, sarò sempre quale il mio amore e il mio interesse a compiere un'opera che infinitamente lusinga il mio cuore, e lusinga l'ambizione d'un artista.

Dans la précédente lettre, tant par un motif d'économie que pour éviter des risques de transport difficile et long, Fabre avait demandé à Canova de la part de la comtesse s'il ne serait pas possible de faire exécuter à Florence certaines parties purement matérielles du monument, la base et les ornements; Canova répondit que, moyennant certaines mesures préalables à concerter entre lui et le praticien qui sculpterait ces divers morceaux, il ne voyait à cela nul inconvénient, et que pour sa part il ne souhaitait pas un avantage pécuniaire dans cette œuvre, mais seulement un titre d'honneur et de la gloire.

Fabre répondit à ce mémoire en capitulant sur toutes les critiques: puisque Canova n'en admettait pas la justesse, il ne voulait même pas lui en nommer les auteurs, et se déclarait, quant à lui, vaincu et convaincu en tout et partout. Canova était donc désormais maître de commencer son marbre.

En même temps, Fabre, au nom de la comtesse, réglait définitivement les accords pécuniaires entre elle et le sculpteur. Les frais supplémentaires de marbre et d'architecture avaient en effet, comme on l'a vu, donné lieu à des négociations assez confuses et pouvant prêter plus tard à des discussions. Dans cette lettre, il était convenu que Canova recevrait pour son œuvre dix mille écus, au lieu des huit mille antérieurement promis; pour ce prix il se chargeait de tous les frais; à la comtesse incomberaient seulement en plus le transport de la statue de la Muse et de l'urne de Florence à Rome; et Canova lui enverrait à ses frais, à Florence, en bon état et achevé, le morceau portant les lyres et les couronnes, et les ornements sculptés du soubassement. Il n'est pas resté dans les papiers de Mme d'Albany d'autre document sur ce traité définitif, que cette lettre et la réponse de Canova, en date du 20 novembre, par laquelle il adhère complètement aux conditions résumées et précisées par Fabre.

Firenze, 10 novembre 1707 (1)

Signore Riveritissimo

Oh quanto volentieri avrei preferito la parte che si è scielta la Signora Contessa, cioè di riferirle le dovute lodi, che quì si sono date al suo bel monumento! Non mi pento però di avere eseguita quella che mi è toccata; che troppi rimproveri avrei dovuto ricevere (2) dai nostri Aristarchi, i quali gia chiamavano pusillanimità il (3) ribrezzo che manifestavo di parteciparle alcune delle loro riflessioni. Se da lei fossero state approvate le loro critiche, avrei goduto di nominarne gli autori; ma non essendo così, resteranno eternamente nell'oblio. Per parte mia, mi dò per vinto in tutto e per tutto, senza che troppo ne sia leso il mio amor proprio; mentre in questa circostanza sono stato assai più storico che attore. — Il motivo da lei accennato per le tre lire e le tre corone

(1) Bassano, *loc cit. Suscription*: A Monsieur, Monsieur le Chevalier Antoine Canova, sculpteur célèbre. Strada del Corso à Roma — A Montpellier, minute inachevée autographe de Fabre. Je donne en note les variantes de cette minute.

(2) degli autori di dette critiche.

(3) ritardo.

è per l'appunto quello che avevo indovinato e ne ho goduto non poco..... A monte oramai tutte queste chiacchere e parliamo d'altro.

La Signora Contessa aderisce pienamente alla sua dimanda inserita nella (1) sua lettera del dì 25 Settembre p. passato, cioè di accrescere sino a diecimila piastre romane la somma utile (2) per l'esecuzione del detto monumento. La Signora Contessa (3) dovrà pensare a far venire a Firenze la statua e l'urna solamente, e lei le farà trovare a Firenze, belle e lavorate, lo zoccolo dove sono la lira e le Corone, con la sottoposta base ove sono i festoni e la lapide etc. Mi pare, se non ho sbagliato, che tali sono per l'appunto le sue proposizioni. Per mezzo della Signora Marchesa Santa-Cruz riceverà i due volumi delle Commedie d'Alfieri. — Si sta aspettando con ansietà il quadro da Lei scelto per la signora Contessa: è per esso di buonissimo augurio che Lei se ne sia incaricata. — Mille e mille saluti al dignissimo di Lei fratello che godo di sentire di ritorno in Roma. Mi serbino l'uno e l'altro la loro buona grazia, e mi credano inviolabilmente tutto di loro divotissimo servitore ed amico.

F. X. Fabre

P. S. Per riconfermare al suo signor fratello il diritto di disporre di me, lo prego di farmi sapere con tutto il suo comodo, se si trovano dal signor Fulgani, stampatore, i due ultimi *Discorsi sulla Pittura* di Errico Fusselli, editi in 4° del 1804. Non ho che il primo sulla pittura antica: vorrei avere i due altri.

Pregiatissimo Signore,

Ho molto piacere che la mia risposta siasi accordata colla sua medesima opinione. Per questa parte sono contento, ma più lo sarò quando Ella si persuada di fare

---

(1) sua penultima lettera.

(2) in tutto e per tutto.

(3) Non avrà da pensare ad altro che a far venire.

la bramata gita in Roma, secondo le sue antiche promesse.

Riguardo all' architettura del monumento, si siamo benissimo intesi. La Signora Contessa penserà di far venire a Firenze l' urna e la figura ed io m' incaricherò dell' opera e del trasporto del rimanente a tutte mie spese. Bisogna che io la prevenga in proposito di quel quadro che per mezzo mio si dovette acquistare. Io mi propongo di far scelta d' un capo di autore non equivoco e della più manifesta originalità, coll' oggetto per altro di conciliare ancora le idee e i termini della commissione.

Ho ricevuto per mani della gentilissima . . . . (1) li due altri volumi delle opere postume dell' Alfieri, che leggerò con sommo piacere e dei quali vivamente ne ringrazio il donatore.

Mio fratello, che la riverisce distintamente, vuol dirle non esser ancora alla luce del pubblico li due noti discorsi ch' ella desidera. Quando li siano, saranno immediatamente . . . . . (2) espediti (3).

Canova avait demandé que l'esquisse peinte de Nicchi lui fût renvoyée sans trop grand délai. A Florence, les visiteurs de la comtesse demandaient sans cesse à voir un croquis du monument. Fabre, obligé de recommencer trop souvent ce dessin, eut l'ingénieuse idée de graver, d'après la peinture de Nicchi, une vue du tombeau projeté. C'était son coup d'essai dans cet art, et il en parle avec une modestie assez caractéristique : son ébauche était du reste suffisante pour servir à ses demonstrations. L'esquisse peinte fut rapportée de Florence à Rome le

(1) Le nom est illisible : c' est la Santa Cruz nommée dans la lettre précédente.

(2) Mot illisible.

(3) Canova à Fabre. Rome 21 novembre 1807. *Suscription* : A Monsieur Monsieur F. X. Fabre, peintre célèbre, à Florence.

8 décembre par le peintre Collignon. Fabre lui confia aussi deux exemplaires de son essai d'estampe. En même temps il reparla à Canova de l'épitaphe qu'Alfieri avait composée pour lui-même. Mais il ne cachait pas ses craintes que, soit pour des raisons de convenance, soit pour des motifs purement matériels, cette inscription ne pût être gravée sur le tombeau du poète.

Firenze 8 dicembre 1807.

Signore Pregiatissimo,

Il Sig.r Colignon, pittore toscano, partito questa mattina di Firenze, si è incaricato di portarle il quadro del monumento d' Alfieri. Dal medesimo riceverà un rotoletto con entro due stampe del medesimo monumento, ed un sonetto composto dal signor Abate di Caluso e che, con altri, lei ritroverà in fine della Vita d'Alfieri.

Molti amici o parenti, sì d' Alfieri che della signora Contessa d' Albany, insistevano per avere una idea anticipata della sua composizione: avrei dovuto per sodisfarli tutti replicare infinite volte lo stesso disegno, mi è sembrato più spicciativo d'inciderlo, . . . e così ho fatto. Come? se lo può immaginare. Novizio del tutto in simil arte, mi sono contentato di conservare incirca le proporzioni generali quali sono indicate nel quadro; nè vi ho messo altra prestazione. — Scuserà, spero, la libertà che mi son preso in favore del motivo che mi vi ha indotto.

Mi sono sempre scordato di domandarle se conosce l' iscrizione che Alfieri si è composta da se, e che vuole sulla sua tomba *e non altra*. Se non vi sarà ostacolo per parte di chi potrebbe opporvisi, si metterà nel monumento: ed in tal caso il posto destinato per essa sarebbe troppo scarso, nè di forma adattata, essendo la composizione di detta iscrizione di forma oblunga per necessità. Ho creduto doverla prevenire in tempo di questa particolarità, afinchè ci si trovi il compenso a tempo opportuno.

Mille saluti e ringraziamenti al suo signor fratello,

e con tutto il cuore ho l'onore di dichiararmi suo devotissimo servitore F. X. Fabre.

On voit en même temps commencer ici dans les relations des frères Canova et de madame d'Albany une nouvelle phase. Jusqu'alors leur correspondance, mêlée d'une déférence parfois un peu trop humble de la part de l'artiste, — sauf, comme on l'a vu, dans les questions touchant à son art, — a été exclusivement relative au monument d'Alfieri. Par un progrès naturel, la sympathie entre les correspondants a grandi, et le domaine de leurs lettres s'est élargi. A la fin de 1807, nous voyons la comtesse et Fabre donner commission à Canova d'acheter pour la galerie Albany un tableau, pour lequel on lui laisse le choix du maître et du sujet, et la détermination du prix. Canova s'était empressé de s'en occuper, promettant d'acheter un tableau authentique, d'une authenticité indiscutable, et répondant à tous les désirs de la comtesse; plus tard Fabre envoyait à Canova deux gravures de siennes œuvres; l'abbé Canova promettait une gravure au trait du projet du monument d'Alfieri; la comtesse continuait l'envoi à son sculpteur de l'édition des oeuvres de son poète; en novembre 1807, elle lui adressait deux volumes des *Opere Postume;* il est question dans diverses lettres, du 21 novembre et 23 décembre 1807, du 30 avril 1808, de commissions d'achats de livres échangées entre eux; c'est surtout l'abbé G. Battista Canova qui tient la plume dans cette partie de la correspondance; voici par exemple sa lettre du 23 décembre:

Stimatissimo signore

Abbiamo poi ricevuto dal sig. Colignon il quadretto del monumento colle due stampe. Gradisca che le rinnovi la compiacenza e il grato animo del fratello, sensibile quanto mai a questo tratto di amicizia con cui ha Ella voluto lusingarlo. L'idea dell'opera sembra resa bellissima e specialmente le pieghe della Matrona sono sentite con molto gusto e spirito. Anche il sonetto di cui la ringrazio è prove (1) e spiritoso. Siccome abbiamo il costume di tenere una serie delle opere di Canova a contorni, si farà per noi incidere similmente anche questa per contentare così il desiderio di qualche nostro buon amico che vorrebbe averne alcun esemplare (2).

Pendant tout l'hiver de 1808, la correspondance resta interrompue entre le sculpteur et Mme d'Albany. Canova travailla avec suite à son monument, et vers la fin de juin 1808, il annonçait que les parties purement architecturales étaient voisines de leur terme. — Peut-être y avait-il là quelque exagération, peut-être tout simplement le désir de fortifier mieux la demande d'avances qu'il adressait dans la même lettre à la Comtesse. Il espérait, disait-il, pouvoir faire l'expédition des marbres à Florence au printemps suivant (1809): aussi demandait-il que Fabre se préoccupât de s'assurer pour cette date un local ou magasin pouvant servir d'entrepôt. Il répondait aussi à la question plus intéressante et plus artistique de l'inscription funéraire. Il se montrait peu disposé à étaler sur la face du piédestal la longue inscription composée par Alfieri pour lui-même. Il émettait l'idée de la reléguer, gravée en petits caractères, sur l'urne ou sur la base antérieure du piédestal, et de lui préférer la plus courte, plus noble, et, somme toute, plus épigraphique, inscription composée par Fabre pour son estampe du monument.

Signore,

L'architettura del monumento non è lontana dal suo termine. Almeno io conto poterne fare il trasporto in Firenze per la primavera ventura. A questo oggetto,

---

(1) *Sic.*

(2) L'abbé G. B. Canova à Fabre. Rome 23 décembre 1807. Sans suscription.

reputo necessario di prevenire Madama, perchè voglia compiacersi di far preparare per quell' epoca un locale o magazzino capace di contenere i varî capi che la compongono. E nel tempo stesso mi veggo nell'urgente necessità di dire alla medesima che, in virtù de' pagamenti già da me eseguiti ed altri scadenti per conto di quest' incarico dell' architettura straordinariamente ingiuntami, sarei nella situazione e nel bisogno di chiederne dalla signora che volesse farmi un deposito di mille scudi fiorentini (o francesconi) su codesto banco del signor Francesco Borri e comp., a mia libera disposizione.

E parlo di francesconi e non di scudi romani, secondo il nostro contratto, per riguardo della maggior convenienza de' pagamenti che deggiono farsi da me a codeste parti, giacchè quel tanto di più ch' essi importano sono giustamente dedotti dalla residuale somma di scudi romani accordatami per questo articolo dell'architettura del monumento e della quale suppongo dover far caso nell'inverno venturo. Intanto le può servire di regola il presente avviso, come pure che a me basta che il deposito delli mille francesconi venga effettuato nello spazio di quindici o venti giorni.

L' opera quì in Roma procede con gran prontezza, nè da me si manca di tutta la energia possibile, per l'ambizione che ho di poter anche nella sollicitudine contentare le venerate brame dell' ossequiata signora.

Non passa da Roma persona alcuna proveniente da Firenze, alla quale io non domandi subito le nuove di Lei e di Madama, troppo standomi a cuore due soggetti che hanno si giusti titoli sulla nostra altissima stima e venerazione.

PS. Il massimo nostro desiderio di rivederla mi stringe a domandarle se possiamo lusingarci di vederlo effettuato nel prossimo ottobre (1).

Fabre se hâta de répondre à cette demande de subsides : dès la semaine suivante, l'avance sollicitée fut dé-

(1) Ant. Canova à Fabre, Rome, 23 juin 1808. *Suscription* : A Monsieur Fabre, | peintre célèbre, | à Florence

posée à Rome à la banque Borri ; le magasin serait prêt en temps utile. Cependant la comtesse et son ami n'avaient pas compris ce que Canova appelait *le printemps prochain*, et signalaient quelques contradictions au sujet des dates dans cette lettre du sculpteur: Fabre demandait une réponse sur ce point. Pour encourager Canova, il lui fesait espérer un voyage de la comtesse à Rome, peut-être même un hivernage, en 1809.

Signore,

L' ultima sua lettera mi giunse troppo tardi per potervi rispondere con il seguente corriere, e mi do tutta la premura per rimediare a quello involontario ritardo.

La signora contessa d' Albany, incaricandomi di farle i suoi complimenti i più distinti, le fa sapere che nella presente settimana saranno depositati in mano del signor Francesco Borri e compagni i mille francesconi da lei richiesti, per esservi tenuti alla di lei libera disposizione.

La predetta signora contessa penserà a trovare il magazzino capace di contenervi i marmi che le saranno inviati da Carrara, e gode già moltissimo di doversi occupare di tal ricerca. La prego pertanto di chiarirmi un mio dubbio che non so risolvere: Lei spera di poter fare il trasporto dell' architettura da Carrara a Firenze per la *primavera ventura,* e più giù nella sua lettera dice « che suppone di doverne far caso nell'inverno venturo ». O i marmi arriverebbero troppo tardi, o lei crede di non ne fare uso che dall' inverno venturo in un anno? Abbia la bontà di non lasciarci in dubbio su questo equivoco.

È inutile di ripetere quanto la signora contessa sia ansiosa di vedere terminata quell'opera, e quanto sia aspettata da tutta Firenze. Non è improbabile che si decida a fare un viaggio a Roma, forse anche per passarvi l'inverno; ma pur troppo non sono questi tempi da risolvere tal cosa tanto tempo innanzi: dipenderà dalle circostanze d' allora. Gradisca, la prego, i miei ossequiosi saluti e l' assicurazione della profonda stima e sincera affezione.

Firenze 5 luglio 1808.

PS. Mille e poi mille complimenti a suo sig. fratello. Mi viene in mente che lei non mi ha mai risposto alla domanda che le feci sono già parecchi mesi, se aveva mai ricevuta l' iscrizione stampata in lettere majuscole che Alfieri compose per la propria tomba?

L'intenzione della sig[ra] contessa è di farla incidere nel marmo, ove non vi sia opposizione da chi può farla. In tal caso, crede Ella che sia possibile di adattarla al cortello del basamento inferiore, essendo di forma più larga che alta e del tutto contraria a quella dell' iscrizione? È questa cosa da pensarvi, se v' è tempo ancora (1).

Les remerciements de Canova ne se firent point attendre. Il reprit longuement dans cette nouvelle lettre, écrite et envoyée à Fabre par retour du courrier, la question de l'inscription; il donna les explications demandées quant à l'entrepôt, assura que c'était bien dans l'hiver de 1809 qu'il en aurait besoin, et annonça, assez longtemps d'avance, que les subsides supplémentaires de deux mille écus romains seraient dépensés en frais d'architecture dès l'entrée de l'hiver

Stimatissimo signor,

Gradisco d' intendere che la signora contessa sia contenta di farmi fare il deposito chiesto di mille francesconi, nelle mani di codesto sig. Francesco Borri e comp. Anzi se questo non fosse per anche effettuato, bramerei ch' ella volesse aver la precauzione di consegnare il denaro in un gruppo chiuso e sigillato a mia libera disposizione e non altrimenti, ritirandone sempre la solita ricevuta. Ma non guasta punto se non avesse più luogo siffatta misura.

Le volevo dire a questo proposito, che nell' inverno venturo, sarei nel caso di adoperare il residuo delli scudi due mille accordatimi dalla signora a conto dell' architet-

(1) Bassano, *Bibliot. Munic.*, *ibid.*, Florence, 5 juillet 1808. *Suscription :* A Monsieur Monsieur le chevalier Canova, célèbre sculpteur, à Rome.

tura dell' opera, peso straordinariamente ingiuntomi, conteggiati però a compimento e saldo di tal somma questi mille francesconi che presentemente mi vengono depositati. E in punto al magazzino, io intendea prevenirla che potria farlo preparare nella primavera nel vegnente anno 1809. Alla quale epoca penso che potrà seguire la spedizione de' marmi che compongono l'architettura del monumento. Sull' iscrizione poi, salvo migliore consiglio, io crederei poter opportunamente valermi di quella semplice e nobile da lei usata nella stampa sua, apponendola nella discreta tabella per tal effetto destinata sul basamento. Giacchè son più che certo che ella non troveria di buon gusto e in armonia col rimanente una maggior cartella per l' impiedi, capace dell' altra lunga iscrizione lasciata e voluta dall'autore; tanto più nel dubbio se questa incontrerà o no qualche contraddizione. Qualora sia permessa, perchè non potrebbesi apporla a carattere minuto o sulla facciata, o sui canti dell' urna o sui lati del basamento? Io spiego la mia opinione con libertà, pronto sempre ad arrendermi ad altro più savio pensamento. Voglia intanto il cielo che abbia luogo l' annunziata e proposta sua gita a Roma nel prossimo ottobre!

Il fratello è grato al suo gentile saluto, ed io ho il bene ed il pregio di essere, etc. (1).

L'espoir un moment caressé par la comtesse d'aller passer l'hiver à Rome s'évanouit bientôt. Les circonstances politiques, - entendons la crainte de faire une démarche mal interprétée, et d'augmenter la mauvaise volonté latente du gouvernement impérial, - retenaient la comtesse. Fabre se hâta d'en prévenir Canova par une lettre adressée à son frère:

(1) Ant. Canova à Fabre, Roma 7 luglio 1808. *Suscription:* A Monsieur | M.r X. Fabre | peintre célèbre | à Florence.

Firenze 1 novembre 1808.

Riveritissimo Signore,

Con sommo dispiacere mio, ho veduto svanirsi la speranza di fare un viaggio a Roma; i tempi, le varie circostanze di quì e di là ne sono state la principale cagione; ed è ben inutile di persuaderla quanto ne sia dolente. Ma purtroppo, bisogna rallegrarsi ed aspettare miglior stagione; per tutti i rapporti spero che non sia ben lontana. Noi pure siamo stati un pezzo lusingati di vedere a Firenze suo signor fratello. Una lettera, forse male interpretata dal Sig. Cav. Alessandri, ci prometteva la sua prossima venuta; e così va il mondo: speranze e disinganni alternativamente.

La prego di porgere i miei più distinti ossequî a suo signor fratello; devo pensare quanto avrà goduto di ammirare le sue ultime produzioni. Questo piacere, men lusingo, sarà differito di ben poco, e lo bramo ardentissimamente.

La signora contessa m' incarica di salutarli distintamente l' uno e l' altro, e prega sempre più il Sig. Antonio di non scordarsi di lei (1).

Cette déception, si c'en fut une, ne diminua pas l'ardeur de Canova.

Comme il l'avait prévu, et même un peu plus tôt, un nouvel à-compte de mille écus florentins fut nécessaire à la fin de 1808. Il donna lieu à quelques lettres des frères Canova, et à un certain malentendu entre eux et le cardinal Consalvi, qui se trouvait dépositaire de mille écus destinés à l'artiste par la comtesse; Canova, qui l'ignorait, fit une lettre de change sur Florence; il y eut des excuses pour conclure, de sa part, et de nouvelles offres d'avances

(1) Bassano, *Bibl. Munic*, *ibid. Suscription:* A Monsieur Monsieur l'Abbé G. B. Canova, à Rome.

d'argent de la part de Mme d'Albany. Elles furent acceptées pour avril et juin 1809. Et les mille écus de Consalvi, comme on le verra par une lettre ultérieure, servirent à payer l'à-compte demandé pour le premier avril. La série suivante de lettres nous renseigne sur ces affaires d'argent:

Chiarissimo Signore. Mio fratello in questo stesso giorno scrive a madama la contessa per un ordine di mille francesconi che desidera gli siano pagati dalla medesima, sopra una tratta di giorni venticinque. Sul timore che la lettera sua possa perdersi, io vengo da esso obbligato a darle anche a Lei quest' avviso, afinchè per esso sia prevenuta la presentazione della cambiale; de' cui far non si facia primo la richiesta, per non perdere il favore del cambio presente. Ella quindi sarà contento di far uso della notizia ove bisogni (1).

Signor Pregiatissimo. Per non aspettare fino a martedì venturo, profitto d' un momento di tempo per farle sapere che la signora contessa ha ricevuta la lettera di suo signor fratello, e che le tre cambiali formando insieme la somma di mille francesconi sono state accettate, e che saranno pagate puntualmente alla loro scadenza. La signora Contessa aveva offerto al signor Canova di fargli ricevere in Roma scudi mille romani, che doveva far venire a Firenze. Non capisce perchè non li ha accettati, invece di riceverli in Firenze. Ci sarà stato qualche equivoco, e non vi è male nessuno. Corro di volo alla posta (2).

Pregiatissimo Signor. Gradisce summamente mio fratello il di lei gentile avviso della compiacenza che gli usa Madama nell' onorare le sue tratte per la somma indicata di francesconi mille. Io poi deggio scusarlo del non aver potuto valersi a tempo delli scudi mille che,

(1) Montpellier, *ibid.* l'abbé Canova à Fabre, Roma, 23 dic. 1808.
(2) Bassano, *ibid.* Fabr. à l'abbé, 14 déc. 1808 (Sans suscription).

senza sua precisa cognizione, teneva in mano in conto della sig. contessa il sig. card. Consalvi, dal quale era esso di ciò avvertito espressamente il giorno dopo la spedizione delle cambiali. S' egli l' avesse saputo prima, non avrebbe certamente adoprato il mezzo del cambio; ma trovando questo favorevole al momento, e d' altra parte veggendo la offerta di Madama in generale e non ristretta in Roma, come nel rileggere la lettera ne venne esso convinto, si risolve a fare quella operazione appunto che giudicava poter convenire egualmente all' una e al-l' altra. — Se v' è errore, benchè involontario, venga segnato alla nostra partita di debito, colla condizione di essere un' altra volta più cauto. Ricambiamo entrambi alle sue cordialissime felicitazioni, augurando similmente a lei le stesse prosperità.

PS. Appena scritta la presente, giunge al fratello una lettera di Madama che previene opportunamente le nostre scuse, e ne rinova graziosamente l' offerta d' altri acconti in aprile e luglio, nella somma di scudi due mille per l' uno e l' altro mese; delle quali partite gradirà appunto Canova riceverne, come avvisa la Signora, il denaro quì in Roma successivamente l' una dopo all' altra. E senza dupplicar lettere fuori di necessità e per dire le stesse cose, prego lei a voler portare alla medesima i grati sentimenti del fratello per li suoi gentilissimi auguri, che vengono da esso ricambiati con altrettanti sincerissimi voti per la sua prosperità, ed assicurarla nel tempo stesso del di lei espresso zelo a compiere e mantenere la data parola, quando la salute gli si mantenghi vigorosa e brillante come la gode attualmente. Io intanto onorato d'un grazioso ricordo della Signora contessa amerei col mezzo suo fare ad essa gradire l' ossequio della mia sincera riconoscenza (1).

Ce petit malentendu paraît avoir ému la comtesse, qui était assez stricte dans les questions financières. Elle profita de l'occasion du jour de l'an pour envoyer à Ca-

(1) L'abbé Canova à Fabre, Roma 6 janvier 1809. — Même suscription.

nova, avec ses voeux, quelques explications sur les modes de paiement qu'elle préférait employer à l'avenir. Ils étaient du reste tout à leur commun avantage :

Je vous souhaite, mon cher Canova, une bonne année avec mille autres, santé surtout et continuation de votre admirable talent. Il faut que notre C. Consalvi ait oublié de vous dire que j'avais de l'argent à Rome, que je vous aurais fait toucher si vous l'aviez voulu. Puisque cela n'a pas été, j'ai accepté les lettres de change qui seront acquittées à leur échéances. Je vous avertis donc que le premier d'avril, j'ai encore mille piastres à Rome, ainsi que le premier de juillet. Vous me direz si vous les voulez; et si vous en voulez auparavant, j'en ai encore à Florence 3000 milles *(sic)*. Je crois qu'étant prévenus, il y aurait des moyens de vous les faire passer, sans se servir des banquiers de la main à la main. Disposez de moi, je vous en prie, et j'espère que vous me tiendrez parole pour le mois d'octobre. J'aurais été vous voir, sans des affaires qui m'ont retenus ici, et dans ce moment il ne faut rien laisser languir. Je compte sur vous, et je vous prie d'être sûr de mon exactitude et de ma reconnaissance. Je salue M. votre frères; M. Fabre lui a écrit samedi : il vous salue l'un et l'autre. Portez-vous bien, et comptez à jamais sur mon tendre intérêt et mon admiration que je partage avec tout le monde.

Louise d' Albany (1).

Avec l'année 1809, commença la période de réalisation, si l'on peut ainsi dire, du monument : le 13 janvier, Canova en fit graver le projet dessiné, dont il adressa à la comtesse et à Fabre quatre exemplaires : cette gravure était pareille, sauf quelques différences dans les fonds, à la gravure faite par Fabre à Florence :

---

(1) Bassano, *ibid. Commissioni* II, 3 janvier 1809. *Suscr* : Al chiarissimo sig. Canova a Roma,

Spero ch' Ella vorrà gradire la libertà amichevole che mio fratello si prende col mandarle quattro fogli del monumento Alfieriano, fattosi incidere da esso qui in Roma, colla sola differenza del campo; e nel resto in tutto simile, anzi egualissimo alla sua bella incisione, la quale in questo nostro, che viene a far serie colle altre cose nostre a contorno, veniva in tutto e per tutto copiata, come ella potrà esserne fatto certo dal paragone (1).

Au mois d'avril, Canova comptait que les marbres de Carrare seraient expédiés à l'adresse de Fabre à Florence; il demandait qu'une fois débarqués au Pignore, ils fussent déposés dans un magasin le plus voisin possible de Santa Croce, ou même dans l'église si c'était possible; il suggérait que Fabre fît faire une expertise de la solidité du sol, pour faire à l'avance les fondations, s'il était nécessaire; mais comme le monument devait s'adosser au mur, on pourrait s'en passer, pensait-il. Cela étant, pour gagner du temps, on pourrait élever une cloture en planches autour de l'espace alfiérien, et commencer à mettre en place les divers blocs du soubassement. Avec un plan bien numéroté par Canova et un peu d'intelligence, le premier maçon venu s'en tirerait, sans qu'on eût à craindre de voir gâcher le travail. On gagnerait ainsi beaucoup de temps, et Canova serait ainsi sûr de pouvoir tenir sa promesse de mettre le monument en place dans l'automne de 1809. La comtesse lui répondit en personne. Voici les deux textes:

Per le mani di questo signor Luigi Farnesi, agente credo dell' emin.° Consalvi, mi furono pagati mille scudi romani contro una ricevuta in nome di lei e aconto del monumento. Sento con questa occasione rinovarmi la premura per il suo termine. Io deggio [*Var: posso*] ri-

(1) L'abbé Canova à Fabre, Rome, 13 janvier 1809. — Même suscription.

peterle che non saprei usare maggior impegno ad ottenere il suo e mio desiderio e l' assicuro che non leverò la mano dall' opera prima di averla intieramente finita. Perciò voglio [V: *Bramoso di*] fare ogni sforzo onde [V: *per*] mantenere la promessa di collocarlo entro il venturo autuno. Intanto in questo mese giungeranno probabilmente da Carrara alla sua direzione i pezzi del basamento, che, sbarcati così al Pignore di dove si potranno [V: *dovranno*] da lei farsi trasferire in un magazzino collocato se si può presso la [V: *contiguo s. s. p. alla*] chiesa di Santa Croce. Anzi in questo frattempo, fattosi prima fare un esame perito al fondamento del loco destinato a [V: *al piano ove dovrasi*] collocare il monumento onde vedere (1) se sia sufficiente a regger tanta mole, [come io già credo che lo sarà senza fallo], e se poscia, tolti via quegli oggetti di mezzo che devono assolutamente esser tolti via alzare uno steccato [V: *recinto di legno*] intermedio da un' altare all' altro. distante dal muro venti palmi circa e dell' altezza delle tavole comuni senza tagliarla. [*Var: È appunto in questo recinto per economia di altri trasporti*]. Dopo questo io crederei che si potessero riporre appunto dentro a questo chiuso (2) i pezzi dell' architettura quando arriveranno anche per evitare ulteriori spese e trasporti da un pezzo (sic) all' altro. Io di più sarei persuaso che si mettessero adirittura in opera dietro un disegno esatto geometrico, che io ,le manderei e col quale un [V: *ogni buon*] valente scarpellino qualunque di costà (3) potrebbe facilmente senza il minimo errore ricongiungere le parti del basamento che per loro natura e per la maniera con cui sono divise agevolmente si riuniscono.

I miei complimenti all' egregio sig. Fabre, al quale

---

(1) Var: Onde vedere se convenisse farsi qualche fondamento che non credo, dovendo andare molto vicino al muro maestro, e quindi tolti via quegli oggetti che vanno tolti, potrebbesi allora alzare

(2) Var: Riporre i pezzi nominati ed anche per far guadagno di tempo metterli in opera adirittura mediante un disegno esatto geometrico.

(3) Var: Saprà senza timore ricomporli esattamente.

come direttore di queste cure, caldamente mi raccomando (1).

Nous aurons soin, mon cher Canova, de suivre vos intentions quand nous aurons reçu la base de Carrara et les mesures que vous envoyerez. M. Fabre me charge de vous assurer que il présidera à tout pour le mieux. Il paraît que vous avez préféré une autre place dans l'église que celle qui était destiné; nous tâcherons que les héritiers de celui qui l'occupe se contentent du déplacement. Je compte sur votre parole que vous poserez le monument cet automne. Ce sera un grand plaisir pour moi de vous revoir; car je vous aime autant que je vous admire et vous estime pour vos vertus, et vos belles qualitées. Milles choses à Mr frère (*sic*), ainsi que de la part de M. Fabre, qui vous salue tous les deux tendrement. Le chev. Puccini a été averti, de la part de S. M. l'empereur, de se tenir prêt ainsi que M. Fabroni pour se rendre à Paris, et y passer deux mois pour une commission honorable et agréable. Il est bien aise d'avoir cette belle occasion de voir Paris. Portés vous bien, mon cher et admirable Canova, ayez soin de vous cet été et comptez à jamais sur mon tendre intérêt.

Votre amie et admiratrice

Louise de Stolberg C. d'Albany (2).

P. S. On ignore encore quel sera la commission de M. Puccini. On croit qu'elle regardera les arts; et celle de M. Fabroni les sciences.

Pour obtenir plus aisément les autorisations nécessaires à l'entrepôt des marbres dans Santa Croce et à

(1) A. Canova à la comtesse d'Albany, Rome, 1er avril 1809. Point de suscription. — Minute de la main de G. B. Canova, à Bassano. Elle donne les variantes dans les interlignes.

(2) La Comtesse à Canova. *Susc.*: Al chiarissimo signor Cavalier Antonio Canova, a Roma « 11 avril ». - Bassano, *Commissioni*, II.

l'érection du monument, à laquelle, on s'en souvient, une partie du clergé florentin avait fait une vive opposition, Canova s'adressa au directeur des beaux arts en Toscane, le cav. Degli Alessandri. Il lui demanda notamment de laisser ériger le tombeau projeté sur l'emplacement qu'il avait choisi et en vue duquel il avait coordonné ses masses sculpturales et réglé ses effets d'éclairage. Il fit porter à Fabre le dessin d'assemblage des marbres du soubassement, bien que Fabre le jugeât inutile, par un ami des arts et des artistes, le commandeur Pezzoli.

Enfin il offrait, si sa présence était nécessaire, d'aller passer quarante huit heures à Florence pour surveiller la mise en place du soubassement.

L'abbé Canova, en communiquant à Fabre ces diverses nouvelles et ces propositions, le priait aussi de payer, pour en débiter le compte de Canova, le transport des marbres de Carrare à Florence. Cette demande paraît avoir surpris le peintre qui demanda des explications: l'abbé se hâta de les lui fournir tout à fait rassurantes:

Signore,

Per imitare la sua costanza nel favorirmi, voglio anch'io farmi avanti al fratello per procurarle la preziosa conoscenza di un bravo e dotto cavaliere, amatore delle belle arti e cultore affezionatissimo degli eccellenti signori professori, nella quale classe ella occupa il degno suo posto, e meritamente io a Lei lo dirigo. È questo il ch. co. Pezzòli, che si rende a Firenze, dove propone dimorar qualche tempo. Egli si è offerto di gentilmente rimetterle con questa mia il disegno accennato per l'antecedente vostra relativo non necessario alla riunione de' vari pezzi del basamento, che già sono in cammino. Anzi arrivando questo carico, sarei a pregarla di voler compiacersi far pagare l'importo della condotta che dev' essere molto tenue, per poi addebitarne a suo tempo il fratello; il quale ha convenuto di supplire a questa spesa in Firenze e non altrove. Egli scrive questa sera medesima al ch. sig. cav. Degli Alessandri per richiamargli all'uopo in mente la graziosa sua offerta fattane, da quando passamo per Firenze, di cooperare in tutto il suo potere a togliere le difficoltá qualunque che potessero farsi e opporsi al collocamento dell'opera nella chiesa di S. Croce, e precisamente nel posto disegnato da mio fratello. Spero ch' egli non mancherà di questo buono cortese ufficio qual caldo amico e padrone nostro e quale altissimo estimatore (1) del merito sommo di quell' inclito autore.

PS. Se per qualche motivo che non si sa prevedere, fosse necessaria la persona di Canova prima di far piantare il basamento, egli farebbe anche una corsa per due giorni a Firenze, unicamente per secondare le premure della ossequiata signora (2).

Comme à son ordinaire Fabre s' empressa de répondre aux Canova. Il souleva dans sa réponse une nouvelle difficulté : la présence de tombes et de monuments funéraires sur l'emplacement choisi par le sculpteur ; il s'excusa de renoncer à son voyage à Rome projeté, sur une inondation du Tibre. L'abbé lui répondit aussitôt en le rassurant sur ce dernier point :

Signore,

Ricevo in questo momento la lettera e l' involto di cui si è gentilmente incaricato il signore cavalier Pezzòli. Non si ha ancora quì veruna nuova dell' invio del basamento; la signora contessa ne pagherà il porto fino a Firenze come lei lo desidera ; mi suppongo che il prezzo è già fissato. Non vorrei (essendo questa una spesa che riguarda suo signor fratello) che per ignoranza si pagasse di troppo. La prego di darmi qualche lume su questo proposito, ove lo creda necessario.

---

(1) Je supprime ici un § de compliments dénué d' importance.

(2) L' abbé Canova à Fabre, 5 avril 1809 (Pas de suscription).

Ho di già esaminato con la più grande attenzione il posto che aveva prescelto il sig. Canova e temo s'incontrino delle difficoltà per rimuovere i due monumenti già collocati in detto posto; e nel caso che si ottenga, in qualunque maniera, la possibilità di rimuoverli, vi sono tre altre sepolture sotterranee, antichissime, che di necessitá debbono essere vuote, o almeno (e sarebbe il peggio) malamente ripiene di calcinacci, a tempo di Leopoldo, quando soppresse le sepolture nelle chiese. Una di queste tre sepolture arriva sino alla radice del muro, un poco da una parte, ma di necessità tutte tre le lapidi sarebbero in parte coperte dal basamento del nuovo monumento. Son queste difficoltà che forse si potranno vincere, e per le quali diverse persone sono già in moto.

Desidero che la buona volontà, più volte espressa, del Signor Alessandri possa *ora* giovare: aveva, quando si offerì per superar questi ostacoli, dei mezzi che certamente gli mancano. In qualunque caso ci potremo valer con gratitudine di quel che potrà farci di bene. Non mancherò di farle parte del risultato delle nostre premure, pensi se siamo interessati a renderli efficaci.

F. X. Fabre.

Porga i più distinti ed ossequiosi saluti a suo signor Fratello. Mi sono lusingato parecchi giorni che li presenterei io stesso in Roma fra breve, ma quel vecchio Dio Tevere che ha mosso guerra alla Rotonda è cagione che è ito in fumo questo mio progetto. Dirò più chiaramente che desideravo di vedere esposti, così a lato l'un dell'altro i due quadri de' Sig^{ri} Landi e Camuccini. Li vedrò più tardi al loro posto in Piacenza.

Il Sig. Conte Pezzòli mi ha incaricato de' suoi distinti saluti per ambedue (1).

Pregiatissimo Signore.

Ell' ha ragione di chiedermi uno schiarimento per norma del pagamento da farsi per conto nostro al condottiere dei marmi dalle rive di Carrara a Firenze ed

(1) Sans date et sans suscription.

io da stordito, secondo il solito, mancava di farle osservare che le verrebbe presentata una polizza di carico, l'importo della quale per l'appunto si vorrebbe da lei supplito per addebitarne poi Canova a suo tempo. La cosa è fuori d'ogni equivoco o sorpresa per parte dei condottieri. Così pur fossero, come spero che lo saranno, fuori di controversia le osservazioni ch'Ella ne favorisce indicare a rispetto del piano e del sito che deve occupare il basamento e l'opera. E conosciamo assai bene la verità della sua riflessione sul maggiore o minore fondamento che possiamo fare mettere, non nella volontà e attività, ma nella possibilità del nostro adorabile sig. cav. Alessandri. Io per altro non voglio presentire niente di contrario all'adempimento del nostro disegno, anzi vivo nella perfetta lusinga o sicurezza che tutto anderà a seconda.

Ma chi fu mai che le infuse tanta paura di questo barbato ondoso Padre Tevere? È vero che s'introdusse nella Rotonda, come fa sempre che frange i ripeti; ma lambendo e carezzando i due gran quadri ivi schierati, non gli violò mai, non gli fugò. Può ella quindi riprendere l'onesto suo desiderio, e giacchè ci dona tant'amicizia, potrebbe eseguire questa sua gita fuggitiva anche a riflesso di due persone che la desiderano ardentissimamente. Qui da noi vi sarebbe un letticciolo, una stanza e che che, a sua piena disposizione, e in perfetta libertà da artista, senza il minimo complimento del mondo. Venga dunque, che noi la stiamo attendendo a braccia aperte e col cuore il più candido. Mio fratello in particolare, già grato alla sua ricordanza, gradirebbe sommamente di rivederla, di parlare con lei e di sentire il suo dotto e giudizioso parere sopra tante sue cose dell'arte. Per suo regalo le due famose tele saranno esposte nel santuario istesso del tempo molto ancora (1).

Le mois de mai fut employé par le peintre Fabre à obtenir les autorisations nécessaires pour opérer ces

(1) L'abbé G. B. Canova à Fabre, Rome 29 avril 1809 *Suscription :* A monsieur | M. X. F. Fabre, | Peintre très-célèbre, à | Florence.

déplacements de tombes dans Santa Croce. Grâce à M. Degli Alessandri et grâce aux influences dont disposait la comtesse, il eut gain de cause. Ce succès était d'autant plus heureux et plus nécessaire que la comtesse et son ami étaient alors appelés à Paris par l' empereur, et qu'ils ne voulaient laisser derrière eux rien qui pût arrêter les travaux en leur absence, ne sachant pas d'ailleurs combien de temps elle se prolongerait.

Firenze 23 maggio 1809.

Signore.

Ho differito sino a questo momento la mia risposta all' ultima sua gentilissima lettera, sperando di poterle dare riscontri definitivi sopra la collocazione del monumento d' Alfieri. Mi pare che tutte le difficoltà che si temeva d' incontrare sieno quasi superate; i due monumenti sepolcrali che occupavano il posto che si vuol prendere saranno rimossi, e si è ottenuto la permissione di aprire le sepolture sotterranee e di farvi tutto ciò che potrà occorrere per la stabilità del nuovo monumento: si sarebbe già messo mano all' opera se si ritrovasse in Firenze la persona che la sig. Contessa deve incaricare d' invigilare a tal cura nel tempo della nostra assenza da Firenze. Ieri solamente è giunto l' avviso della partenza da Carrara, di N. 10 casse di marmi che, rese al Pignone, (porto di Firenze), saranno pagate a ragione di lire 12 fiorentine per ogni libbre 1000; e lo stesso avviso annunzia la partenza prossima di altre cinque casse per complemento della base. Prenderò tutte le più sicure misure per mettere in opera i suddetti marmi, appena giunti in Firenze; e così il signor Canova non proverà ritardo nessuno quando la statua e l'urna saranno in ordine.

Si figuri quanto mi dispiaccia di non aver eseguito il mio progetto di fare una scorsa a Roma, e Dio sa se il mio progetto di ritorno a Firenze per la fine di settembre potrà effettuarsi. Il dispiacere di non aver veduto quel monumento al suo posto prima della sua partenza è l'unica cosa che addolori veramentela signora Contessa nella presente circostanza. La sua impazienza può sola agguagliare la mia, e mi mordo le labbra di dover aspettare ancora tanto, essendomi credevo così vicino a godermi quell' opera che sento tanto lodare da tutti.

Sono stato sensibilissimo alle amichevoli offerte che mi hanno fatto l' uno e l' altro fratello: non ci vuol meno che la circostanza che sanno per impedirmi di approfittarmene. Ricevano in contracambio le più sincere dimostrazioni della mia riconoscenza e del vero desiderio di trovare qualche occasione di poterli servire. Me la somministreranno presto se mi amano, quanto hanno la bontà di farmelo credere.

PS. La nostra partenza non sarà prima di otto giorni, così lei avrà il tempo di rispondermi se avrà qualche ordine a darmi per Parigi. Nell' assenza della signora Contessa mio fratello sarà incaricato de' suoi affari e potranno dirigersi a lui per tutto ciò che potesse occorrere: ma credo che Sua Eminenza il cardinale Consalvi sarà particolarmente informato di ciò prima della partenza della signora contessa, che li saluta distintamente (1).

Le travail du soubassement et des parties accessoires s'était exécuté à Carrare dans les ateliers du marbrier statuaire Giuseppe Grandi. Ce travail fut fini, comme le prévoyait Canova, en mai 1809. Le 19 mai, Grandi annonçait à la comtesse l'envoi de dix caisses, contenant « diverses pièces d'un travail d'architecture à lui commandé par Canova; ces caisses avaient été embarquées le 17 mai à Lavenza sur la « navicella San Antonio », conduit par le patron Stefano Maffei; elles devaient payer un nolis de 12 *lire florentine* par mille livres, et sans autre débours être amenées en franchise au Pignone. Le 23 mai, le convoi arriva à Florence, comme le prouve le reçu suivant du patron Maffei, écrit de la main de Fabre et muni de la croix du marinier, illettré :

Dalla signora Contessa d' Albany ho ricevuto monete fiorentine diciannove, paoli sei, e crazie sette, per

(1) Fabre à l' abbé Canova, Florence, 23 mai 1809. — Bassano.

pagamento del trasporto di numero dieci casse portate al Pignone da Carrara e pesanti libbre mille seicento settanta, a ragione di lire dodici per ogni mille, e non sapendo firmare ho fatto la seguente croce.

E compresa nella sudetta somma di monete 19 paoli 6 e crazie 7 la gabella alla porta di Firenze, che è stata di lire 3 soldi 12 (1).

Les travaux de mise en place du monument commencèrent aussitôt (2), tandis que Canova, tout en achevant le monument d' Alfieri, commençait une statue équestre sur les proportions du Marc Aurèle du Capitole, pour la cour de Naples: il envoyait deux exemplaires de la gravure de ce monument à la comtesse et à Fabre, avec six autres planches du monument d'Alfieri. — Fabre l' en remerciait le 6 juin, en émettant une fois de plus le vœu d'en voir l'original à Rome, et en lui annonçant l'arrivée des caisses de Carrare:

---

(1) Fabre a conservé aussi dans ses papiers la note des caisses reçues au Pignone et que le voiturier Margherini fit transporter à Sainte Croix: Nota dei marmi ricevuti al Pignone e consegnati a Giuseppe Margherini per trasportarli a S. Croce, e darli alla consegna del camerlingo Fra Carlo di detto convento.

Prima cassa	peso	L.	1670
Seconda	»	»	1750
Due dette	»	»	1530
Quinta	»	»	850
Sesta	»	»	1120
Settima	»	»	1070
Ottava	»	»	980
Due dette	»	»	1700
		Somma	10.670

Pagato per gabella come vedesi da ricevuta L. 3 soldi 12.

(2) La comtesse écrit à Cerretani le 17 juin: « On travaille à placer la base du monument et on creuse à Sainte Croix ». — Je voudrais que tout fût déja fini. J'en serais plus libre et plus indépendante et j'aurais rempli ma tâche dans ce bas monde.

Signore Pregiatissimo,

Il rotolo che suo Sig. Fratello mi ha fatto la grazia d' inviarmi è stato ritardato ai confini per mancanza di certificato d' origine. Si sono però degnati di lasciarlo passare, ed è giunto a Firenze sabato scorso.

Ho goduto non poco di prendere un' idea anticipata della mossa del Cavallo progettato, che mi pare animatissima : sommamente deve pure essere trovata ingegnosa l' idea di far guardare l' Eroe indietro, segno evidente che comanda a chi lo siegue, e che lui cammina il primo.

La benedizione ricevuta mi fa sperare che questo novembre venturo, dopo la collocazione del monumento d' Alfieri, vedremo l' originale in Roma, con tanti altri capi d' opera, che non conosciamo che di nome.

Le 10 prime casse della base del monumento sono già depositate in Santa Croce. Si aspettano le altre cinque a momenti. — Si è dato principio allo scavo per i fondamenti, e fra breve spero poterle scrivere che la base è messa su interamente.

Parto tra pochi momenti per una Villa a 25 miglia distante, con la Sig.ra Contessa, saremo però di ritorno giovedì sera o venerdì alla più tarda.

Mille saluti e ringraziamenti ben dovuti ai due fratelli, che amo e rispetto sommamente (1).

Tout semblait donc en bonne voie pour l'achèvement prochain du tombeau d'Alfieri, quand avait éclaté sur la tranquille existence de la comtesse d'Albany la foudre impériale. Napoléon, commençant à trouver suspecte ou gênante cette sourde et salonnière opposition que lui faisait à Florence la quasi veuve morganatique du « Mi-

(1) Fabre à Canova, Florence, 6 juin 1809. — Bassano.

sogallo », l'avait mandée à Paris (1). Toutefois la médiation de la grande duchesse Elisa lui sauva pour un temps l'ennui du voyage :

« Je ne quitte plus Florence, écrit-elle le 16 juin au baron de Castille. Pendant le séjour de ma sœur la princesse de Castelfranco, Mme la grande duchesse m'a fait dire que je pouvais rester ici si je le voulois, qu'elle serait caution pour moi auprès de l'Empéreur. J'ai accepté ses bontés, puisque je suis au moment d' élever le monument, que Canova vient pour [cela] cet autunne, et que j'attends depuis six ans ».

Cet appel et ce sursis soulèverent parmi ses amis des émotions diverses. L' abbé Canova, au nom de son son frère exprima à Fabre les regrets que leur causait le départ de la « virtuosissima dama », tout en se disant sûr que cette disgrâce n'altérerait pas son humeur altière et imperturbable; quand on crut le voyage supprimé, Canova manifesta sa joie de penser que « la Dame » se trouverait à Florence quand il y viendrait mettre en place et finir le tombeau d'Alfieri. — Canova redoubla d'activité pour que tout fût prêt à l'automne, comme il l'avait annencé; on travaillait déjà à Florence dans Santa Croce; Degli Alessandri surveillait lui-même les travaux

(1) La comtesse put pour se consoler se rappeler qu'elle avait jadis souhaité, non sans ironie et sans affectation, de connaître « le grand faiseur ». Elle écrivait à Cerretani :

« Je voudrais savoir si le grand faiseur est mécontent de lui même, à moins que l'ambition dont il est possédé ne lui fasse désirer encore davantage. Je suis persuadée qu'il se fait illusion sur les crimes qu'il a commis, et il croit les avoir fait pour le bien de l'état. J' aurais toujours désiré de voir dans l'intimité un grand scélérat pour connaître son âme. Probablement je mourerai sans pouvoir me satisfaire, à moins que je n'aille à Paris et que ma sœur ne me procure l'honneur des petites entrées de S. M. Napoléon ».

de fondation jugés nécessaires; un nouvel à-compte de mille écus était payé à Canova le 1.er juillet. -- Mais Napoléon demeura inexorable, et la comtesse d'Albany, malgré la protection d'Elisa, dut se résigner à partir pour Paris, au mois d'août 1809; elle y arriva le 26. Quand le départ fut absolument décidé, ce fut une « explosion de douleur » épistolaire de la part des Canova. Toutes ces lettres sont bien curieuses:

Essendosi in questi giorni incisa in rame a contorno, ma non ancor pubblicata, una qualche idea dell'equestre colosseo che mio fratello deve eseguire sulla proporzione di quello di Marco Aurelio per la R. Corte di Napoli, mi sono presa l' amichevole confidenza d' inviarlene due esemplari, l' uno per Madama, e l' altro per lei, unitamente a sei altri fogli del monumento d' Alfieri. — Ella non può figurarsi il profondo rammarico che noi proviamo nell' intendere la vicina comandata partenza della virtuosissima Dama. C' è nota bastantemente l' altezza dell' animo suo, imperturbabile a qualunque umana vicenda; ma non possiamo a meno di non sentire nel più vivo dell' anima il dispiacere di perdere, o almeno di prolungarci, il promesso e desiderato bene di possederla in seno a questa città, fatta espressamente per le amene ed erudite sue occupazioni, e dove troveria quanti in altra mai candidi ammiratori delle sue chiare virtù (1).

Pregiatissimo Signore,

Un gruppo di consolazioni m' ha recato la stimatissima sua del 6 corrente, ma la maggiore di tutte si è giustamente la certezza che in virtù della ribenedizione avuta, noi possederemo il bene di trovare in Firenze la Dama e lei al momento che metterassi in opera il sepulcro di Alfieri. Non può figurarsi il grado di estrema soddisfazione da noi provata a questa sospirata notizia, unita

(1) L'abbé Canova à Fabre, Rome, 27 mai 1809. — Même suscription.

alla conferma del loro passaggio in Roma, dopo la collocazione del monumento, e alla speranza che non vorranno lasciare così di fuga questa, benchè squallida, capitale dell' arte. Mi è grato l' avviso delle incominciate preparazioni per la base dell' opera, mentre quì non si perde un minuto onde assettare quanto più presto si può il termine delle altre parti (1).

Stimatissimo Signore,

Fino dal passato lunedì, il sig. ab. Farnesi contava a mio fratello contro sua ricevuta la somma di scudi romani mille, per ordine e conto di madama. Ond' ella vien pregata di voler passare tal nuova alla medesima e assicurarla nel tempo stesso della nostra costante venerazione, e desiderio vivissimo di ossequiarla in persona. Al quale effetto non si perde mai un momento per affrettare il termine dell' opera. Il cav. Alessandri mi scrive che in Santa Croce già si è messo mano alli fondamenti e ad altri lavori. Così andiamo bene di accordo (2).

(À la comtesse)

Senza farle uno sfogo del nostro infinito dolore, che Ella già conosce così bene come io profondamente lo sento e partecipo, credo fare un atto di dovere, quando non fosse troppo ardire verso chi da per se può tanto, offerirle tutta qualunque possa essere l' opera mia, per temperare se è possibile, la dispiacevole sua partenza. Questa sera rinnovo le mie premure per il traspòrto dei marmi, ritardato naturalmente dal timore di cadere in mano dei corsari.

Spero che alla mia venuta costà, potrò godere il desiderato bene della sua presenza senza la quale sarei veramente desolatissimo. Oserei supplicarla de' miei distinti saluti al degnissimo amico signor Fabre (3).

---

(1) Le même au même, Rome, 14 juin 1809 — Même suscription.

(2) Le même au même, Rome, 8 juillet 1809. Même suscription.

(3) Le même à la comtesse, 15 juillet 1809. — Sans suscription. Fragments.

Le départ de Madame d'Albany et de Fabre pour Paris rendait moins urgent l' achèvement du tombeau d'Alfieri. Avant de quitter Florence, Fabre mit Canova au courant de l'état d'avancement des travaux à Santa Croce :

Firenze, 9 luglio 1809.

Signore veneratissimo.

Meriterei la taccia di negligente se differissi più a lungo i miei dovuti e distinti ringraziamenti per gli ultimi fogli che mi ha favoriti ultimamente per mezzo del signor Micali (1). Ne sono oltremodo riconoscente, e sempre più adirato contro le circostanze che mi privano della possibilità di ammirare i veri originali.

So ch' ella è di già informata della nuova necessità di portarsi in Francia. Siamo già bell' è pronti, e non si aspetta che la certezza di potersi innoltrare per montare in carrozza.

I fondamenti del mausoleo d' Alfieri sono interamente terminati. Si sono principiati a circa cinque braccia fiorentine di profondità, e si sono piantati nel terreno più di sessanta pali di circa due braccia d' altezza, tutti di cerro, sorbo, o castagno. Sulla testata di detti pali si è disteso uno smalto durissimo, e su questo delle assi di più di mezzo palmo di altezza, messe per piano e perfettamente a contatto. Sopra dette assi altro stratto di smalto. Si è poi principiato a murare i fondamenti ed a una certa altezza si è lasciato un vuoto della misura della cassa che si è dissotterrata e trasportata nei nuovi fondamenti, con una lapide di marmo per ischiarimento del fatto. Sopra la cassa si è fatto una solidissima volta reale di ottimi mattoni in piano, con delle gran leghe di pietra, e contrafforti, e si sono pareggiati i fondamenti, per ora, sino al livello del terreno. Mi sono spiegato come ho potuto, ma credo certissimo che si potrebbe costruire una nuova torre su que' fondamenti, senza ombra di pericolo. I due

(1) L'archéologue célèbre, ami et familier de la comtesse.

monumenti che occupavano quel posto l'hanno di già ceduto e sono trasportati altrove . . . . Tutto insomma è in ordine, e non si aspetta che le cinque ultime casse per principiare a murare la base; ho scritto con questo stesso ordinario a Monsieur De Marais (1), perchè faccia della premura a Carrara per l'invio di dette casse, e la prego di ordinare lei stessa che non perdano più tempo, perchè non si ha più altro che fare. Faccia il Cielo che alla fine di ottobre possiamo essere di ritorno a Firenze e vedere il monumento al suo luogo! E' generalmente aspettato, con una indicibile impazienza.

La signora Contessa gli invia mille e mille complimenti. I miei ossequi al signor Fratello e mi creda di lei sincero amico, servitore, ed ammiratore

F. X. Fabre.

La Signora Contessa, che rientra in questo momento, m'incarica di rinnovare i suoi complimenti e di ringraziarla della ultima lettera che ha ricevuta con l'ultimo corriere (2).

C'est probablement du séjour à Paris qu'il faut dater cette lettre de la Comtesse, où elle signale un envoi de livres et une lettre de Canova non conservée, et où elle rappelle à Canova la promesse d'avoir fini en octobre 1810:

J'ai reçu, mon cher Canova, votre lettre du 5 de ce mois. Je suis charmée que vous soyés content des derniers volumes que je vous ai envoyé. Il n'y a pas de doute que la vie (3) est parsemée de pensées philosophiques, et qu'il a le grand mérite de se faire voir telle qu'il était. Il n'avoit rien à cacher, car son ame était vertueuse, et je puis dire que sa vertu était encore supérieure à son génie. Je le regretterai tous les jours de ma vie, et sa perte a empoisonné

---

(1) Sic. Le vrai nom de cet artiste est Desmarais.

(2) Bassano: *Lettere*. Fabre à Canova, 9 juillet 1809 *Suscription:* A monsieur le chevalier Antoine Canova, sculpteur célèbre a Rome.

(3) La vie d'Alfieri.

les années qui me restent à vivre. Je ne doute pas que vous ne teniez la promesse que vous m'avez faite de poser le monument de ce grand homme au mois d'octobre prochain. Je vous en supplie: je désire vivement de voir ***nos trois noms réunis*** et d'avoir la gloire de me trouver avec vous, et de passer à l' immortalité par votre secours. Continuez à marcher dans la brillante carrière que vous vous êtes frayée. Je regrette de n'avoir pas pu aller à Rome cet hiver; j'ai craint de me trouver dans des ***circonstances fâcheuses***, et c'est ce qui m'a retenue. Je n'ai pas renoncé, si je vois le ciel s'éclaircir au mois de février, d'aller vous admirer et vous assurer de vive voix de mon véritable attachement. Car je puis dire ***comme ci dessus*** que les belles qualités de votre âme sont supérieures à votre génie. Si vous aviez besoin d'argent, soit ***pour Carrara*** que pour le monument, je vous prie de me le dire sans compliment; cela ne me génera nullement de vous payer en détail. Disposez donc de moi et comptez à jamais sur ma reconnaissance et les sentimens que vous m'avez inspirés pour la vie.

Votre très humble servante et admiratrice
Louise de Stolberg C. d'Albany.

M. Fabre me charge de le rappeller à votre souvenir, et à celui de *m.* frère *(sic)*, à qui je fais mes compliments aussi (1).

En leur absence, ce fut le docteur Fabre (2), frère du peintre, qui resta chargé de la correspondance avec Canova, et de la surveillance générale des travaux de Santa Croce, tandis qu' Onofrio Boni les dirigeait avec zèle et compétence.

---

(1) Bassano: La comtesse à Canova. Le 15 novembre, *sans date*. *Suscription:* al chiarissimo Cavalier Canova a Roma.

(2) Il etait venu rejoindre son frère à Florence avec ses parents pendant la Révolution, et il y mourut avant lui.

Il avait avec les frères Canova des relations non moins cordiales que son propre frère, et on voit par sa correspondance qu'il y avait entre eux d'autre questions débattues que celle du monument Alfieri :

Il n'y a qu'un instant que je viens de recevoir la note de Mr. Berti pour le chocolat qu'il doit vous expédier à Rome paur le retour de Mr. Colignon; une légère indisposition de Mr. Berti est cause de ce retard. Je vous prie de croire qu'il ne dépend nullement de moi, et que dans tout ce qui peut vous regarder, tant vous que Monsieur votre frere, je mettrai tout le zèle et toute l'exactitude possibles. Les déboursés de la chocolat *(sic)* sont de onze monete et quatre pauls: j'ai remboursé de cette somme Mr. Berti, qui m'en a doné un reçu, et que j'ai joint à celui des frais du transport du marbre du monument. Soyés bien convaincu du plaisir que j'aurai à faire tout ce qui pourra vous être agréable.

Les dernières nouvelles que j'ai reçues de Paris sont du 28 du mois dernier. Madame la Comtesse d'Albany et mon frère se portent très bien; rien de nouveau sur leur retour en Italie. Je dois écrire demain à Madame la Comtesse; elle aprendra avec plaisir que l' ouvrage se continue avec activité: à Sainte Croix on s'occupe à placer la base, et on ne perd pas un moment. Je vous écries en françois parce que vous savés trop bien ma langue, pour que j'aye recours à la votre (1).

Stimatissimo Signor, padrone colendissimo,

Havendo ricevuto dalla signora Contessa d' Albany l' incumbenza di spedire a Roma una cambiale al sig. Luigi Farnesi, che non ho l' honor di conoscere e di cui ella si è scordata di darmi il recapito, e sapendo dalla lettera della Sig. Contessa che V. S. ha delle relazioni col suddetto Signor Farnesi, io mi sono preso l' ardire di pregarla a far

(1) Bassano, *ibid*, le Dr. Fabre à l'abbé Canova, Florence, le 12 décembre 1809. — Sans suscription, mais il n'est pas douteux que la lettre soit adressée à l'abbé.

sapere al medesimo che troverà una mia lettera alla posta, con una Cambiale di sessanta piastre Romane.

Io conosco appieno la sua premura per la Signora Contessa, onde profitto di questa occasione per farla partecipe delle sue nuove. Ella stà bene di salute, anzi dice di non essere stata mai così bene in Toscana, ma non perciò si è scordata del nostro clima e dei suoi amici di Firenze, e ci dà la lusinga di ritornare nel prossimo mese di aprile. Egli è dunque probabile ch'ella la ritroverà in Toscana, quando verrà, secondo il suo progetto per il monumento.

Mio fratello stà bene anche lui; la podagra da qualche tempo ha fatto tregua con esso e non lo tormenta più. Egli non vede l' ora di ritrovare il suo studio. L'amico Santarelli la riverisce con tutto il cuore e la prega di ossequiare medesimamente il suo Sig or Fratello.

Io so che il Sig.or Cavaliere Boni le ha scritto per informarla de' lavori che si fanno nella Chiesa di Santa Croce. La base del monumento è già eretta. Si lavora adesso agli ornamenti dell'arco, e si sarebbe continuata la base se non mancassero i marmi ove sono le due Corone e la lira. Intanto i muratori preparenanno il loro posto. Ella mi farà sommo piacere se si compiacerà darmi le nuove della Statua, ed incirca dirmi il tempo del suo arrivo in Firenze Mi farò un pregio di parteciparlo alla signora Contessa d'Albany, e mentre la prego di riverire tanto e tanto da parte mia il suo sig. fratello, mi confermo con tutto l' ossequio.

Firenze li 19 febbraio 1810.

Suo umil.mo e devot.mo servitore
Fabre d.or in med. (1)

La besogne la plus nécessaire était maintenant le transport à Florence des marbres travaillés et sculptés dans l'atelier de Canova. Mais ce n'était pas là une petite affaire :

(1) Bassano, *ibid. Suscription* : All ill.mo sig. Sig. e prof. col.mo il sig. cavaliere Antonio Canova scultore Roma.

outre que les poids étaient considérables, les routes n'étaient pas sûres; la voie de mer, qui paraissait au sculpteur la plus pratique, sinon la seule pratique, était infestée de corsaires, et en juillet 1809 Canova s'en était déja montré assez préoccupé.

Il profita de la réponse qu'appelait la précédente lettre du Dr. Fabre pour reprendre sur ce sujet l'échange de vues: il mettait alors la dernière main à sa statue et promettait de l'avoir finie en mars, et il fallait discuter à fond et décider la question du transport. L'expédition par terre d'une caisse de plus de dix mille livres pesant semblait tout à fait impossible à l'artiste; par mer, en suivant la côte de très près, c'était peut-être un moyen plus sûr et moins chanceux. Canova attendait seulement une « navicella » de Carrare chargée de marbres pour lui, qu'elle débarquerait à la Ripetta en mars; il pourrait utiliser son voyage de retour, pourvu que le patron garantît les accidents tant en route qu'au chargement et au déchargement.

Pregiatissimo Signore,

Ho eseguito il suo desiderio, dando avviso a questo sig. ab. Farnesi della sua lettera e della cambiale di scudi sessanta: onde sarà di lui cura il ricuperarne il suo dalla posta medesima, qualora il portalettere non ghe l'abbia rimesso. Non può immaginarsi quanto ci abbia consolato la notizia dell'ottima salute di Madama e del costante suo volere di ritornare in seno a Firenze. Mi rallegra veramente il pensiere di rivederla in queste nostre contrade e mi lusingo che la sua permanenza debba essere anche durevole. Non è stato piccolo il piacere similmente dell'intendere che il degnissimo di lei fratello sia libero della podagra che fieramente e lungamente l'avea travagliato. Sono impazientissimo di rivedere anch'esso, e bramo con l'anima che possa e voglia restarsi per sempre vicino a noi. Rapporto alla statua del monumento, posso assicurarla che farò ogni sforzo per terminarla verso la fine dell'entrante mese di marzo, e lo spero senza dubbio. Per il modo di spedirla, non saprei dirle per anche un positivo ragguaglio. Certamente le strade sono in questi tempi così perfide (*en surcharge* si son fatte) che mi sembrerebbe difficilissimo e quasi impossibile il praticarne la spedizione per terra, trattandosi di una mole che con la sua cassa verrà m' imagino a pesare circa dieci mille libre. Non mi parrebbe fuor di proposito e forse anche di pericolo il tentare la via del mare, venendo così terra terra costeggiando. Anzi le dirò che nel prossimo mese di aprile deve portarsi alla ripa di Roma una navicella di Carrara con dei marmi per me. Questo medesimo forse potrebbe essere al caso nostro, sempre inteso che il padrone del bastimento rispondesse d' ogni possibile rischio anche terrestre. Io procurerò frattanto di prendere le informazioni opportune, e nell' entrante la renderò istruito d' ogni cosa.

Va benissimo tutto quello che si è fatto sino quì, e di cui sono stato notiziato dal nostro egregio cav. Boni. Per li pezzi del secondo basamento ella non si dia alcuna noja, mentre si manderanno uniti alla statua e all' urna, giacchè, quando anche fossero stati costì, non si sarebbe potuto collocarli al loro posto innanzi della figura, la quale per necessità della composizione domanda d' essere messa al suo sito prima di esso (1).

Un mois après, Canova reprend la question des transports. Il semble dans l'intervalle avoir renoncé au transport par barque, et ne plus envisager que celui par terre. Mais il est réellement effrayé du prix que l'on en demande : les charretiers de Rome, connaissant qu'on aura besoin d'eux pour transporter un peu plus tard la statue colossale de Napoléon, par le même Canova, ne veulent pas créer un précédent qui déprécierait la main d'œuvre. On demande sept cents écus rien que pour le port de la statue qui pèse dix mille livres à première vue, et dont l'énorme caisse effraye tous les voituriers. Les au-

(1) Ant. Canova au docteur Fabre, Rome 23 févier 1810. *Suscr.* : A Monsieur | Monsieur Fabre, docteur en médecine, à Rome.

tres caisses sont lourdes elles aussi, mais maniables; Canova envoie au Dr. Fabre un léger croquis des dimensions et de la forme de la caisse à statue. — Le Dr. Fabre ne voulut rien décider lui même, d'autant qu'il prévit tout de suite que pour porter ce poids énorme il faudrait un char spécial, dont Canova ne disait rien. Il envoya la lettre et la copie du dessin de Canova à la comtesse avec ses observations:

Chiarissimo Signore (1).

Ecco il tempo d' interrogare la sua volontà sopra la spedizione della statua e degli altri pezzi che l'urna compongono. La figura sola peserà circa undici mille libre, compresa la cassa, e avrà la mole configurata secondo la norma che le annesso. Gli altri pezzi vengono a formare insieme il peso di altre libre dieci mille e più. Per la statua si domandano scudi settecento; domanda spaventevole e dalla quale discenderanno probabilmente a segno, come io credo, da portare alla fin dei fini e la statua e gli altri pezzi insieme per la somma forse di scudi ottocento. Ma le casse degli altri pezzi sono cinque e sono molto comode e desiderate dalli carrettieri. Ma questi si sono quì congiurati a domandare un prezzo enorme, e tutti parlano una stessa voce, perchè sanno che si deve spedire anche la mia statua di Napoleone. Vorrei credere che in Firenze si troverà maggior discrezione. Ella ne faccia una prova e si contenti comunicarmi le sue istruzioni necessarie al mio regolamento. Da tutto quello ch' Ella m' imporrà, non saprò dipartirmi. Veramente la spesa della condotta per terra porta una somma considerabile, ma la spedizione per mare non va esente da un qualche pericolo.

Le bon docteur Fabre envoya immédiatement à son frère cette lettre de Canova avec l'annotation suivante:

---

(1) Le même au même, Rome 31 mars 1810. Même suscription.

J'ai (1) calqué les deux figures ci jointes, qui étaient séparément sur un gros papier et que je crois inutile d'envoyer pour ne pas grossir un paquet déja trop volumineux. Le transport de cette masse m'épouvante par le prix qu'on en demande. Il me semble qu'il faut construire pour un si grand poids un char fait exprès avec essieu et roues de rechange. Mr. Canova n'en parle point, et cette dépense serait à part, outre celle de la caisse et du transport. J'ai gardé copie de la présente lettre. On verra qu'aprés avoir parlé à Fonteboni j'avois raison de supposer qu'il était nécessaire de construire ce charriot: cependant en écrivant à Mr. Canova, je prends des moyens pour éviter cette dépense, si possible.

En même temps il répondait comme il suit à Canova:

Stimatissimo Signore.

Ho ricevuta la pregiatissima sua dei 31 marzo, colla quale mi richiede del mio sentimento sul trasporto della Statua e marmi che formano il corredo del Mausoleo. Per non arbitrare in un affare di un qualche rilievo, ho reso conto in questo stesso giorno alla Sig. Contessa d'Albany delle pretensioni di cotesti vetturini, come di quelle dei nostri di Firenze che sembrano d' alquanto meno gravose; e dietro la replica che mi verrà trasmessa, prenderò norma per render conto a V. S. di quello dovrà farsi relativamente ad un tal trasporto. Fino da qualche tempo scrissi pure alla Signora Contessa sul trasporto della Statua da eseguirsi per terra o per mare, ed anco sopra di questo ne attendo in breve l' opportuna decisione.

Dovendosi poi trasportare la Statua e le altre casse per terra, il Fonteboni propone doversi costruire a bella posta un carro che dovrà fabbricarsi forte e stabile, senza

(1) Il m'a paru inutile de reproduire ces deux figures géométriques qui n'ont aucun intéret.

risparmio di grossezza e bontà di legname, ben fornito di ferro, cola sala entrovi incassato un quadro di ferro e cerchioni ben forti alle ruote e cerchi ai mozzi, e di più fare una sala, un timone e qualche raggio di riserva per le ruote, con due scarpe grosse di ferro e loro catene, e giudica che il suo valore ascenderà in tutto a scudi centoventi, e che dopo il viaggio potrà rivendersi e ritrovare al meno un terzo del suo valore primitivo.

Prima però di farlo fabbricare di nuovo, sarebbe necessario ricercare in Roma se ve ne sia alcuno già fatto con le regole sopraindicate o capace di sostenere senza alcun pericolo un viaggio lungo e con un carico oltremodo gravoso; sarà dunque necessario ch' Ella mi avvisi se è possibile trovare detto carro fatto o no, ed inoltre s' ella potrebbe farlo eseguire di nuovo costà, dietro le regole divisate per il prezzo descritto di francesconi centoventi, o se devo farlo costruire in Firenze.

Propone in fine il Fonteboni di fare accompagnare il carro carico da due uomini che dovrebbero essere muniti della vite d' Archimede, e questi per riparare agli accidenti che incorrer potrebbero per la strada. Starà in lei a decidere del bisogno o inutilità di questi uomini. Essendo necessarj, il Fonteboni mi assicura che per i dodici giorni al più che dovranno impiegare nel seguitare il carro ed altri sei per ritornare a Roma non può darsi ai medesimi più di paoli 10 al giorno, coi quali dovranno da per se provvedere al loro vitto, e non trovandosi in Roma chi accetti tal proposizione, egli spedirà da Firenze due dei suoi uomini che per detti 18 giorni, percepiranno in tutti due francesconi trentasei, andando sempre a piedi.

Ho richiesti i fratelli Pollastri del prezzo per il trasporto dei detti marmi e statua; mi hanno replicato che il nolo della statua incassata ascenderà a Paoli venti per centinajo: cosichè valutando la detta cassa con Statua lib. 11.000, il suo nolo importerebbe francesconi dugentoventi; per le 5 casse, attesa la maggior loro comodità, richiedono paoli dieciotto per centinajo, quali valutando a lib. 10.000, ammonterà il loro nolo a francesconi cento ottanta. Cosichè concretando le spese di costruzione di carro, salario agli uomini che la accompagnaranno, e nolo di tutti i marmi, abbiamo un prodotto di spesa ascendente a francesconi cinquecento cinquanta sei; dei quali, detraendo scudi quaranta che si prenderà dalla vendita del carro, avremo una spesa al netto di francesconi cinquecento sedici; ma siccome i miei trattati fatti coi Pollastri sono stati fondati sopra misure ipotetiche, sembra, a parer mio, necessario che prima di entrare in trattative stabili con vetturini, si proceda al peso esatto di tutte le casse e della Statua incassata; acciò, trovandosi il peso di tutti i detti marmi eccessivamente superiore alle fatte ipotesi, non si venisse. calcolando il nolo a centinajo, che pare il più giusto, a formare una somma equivalente a quella richiesta dai vetturini di Roma; che a parità di offerta crederei più utile il preferire. Il Pollastri vorrebbe conoscere la pianta della cassa più grande dopo quella della Statua ed incirca il peso della medesima, per la scelta di un barroccio adattato a portarla. Domanda pure che il carro sia fatto in maniera che vada sotto sterzo, cioè che le ruote davanti possino girare sotto il piano dove riposa la cassa della Statua. Desidero pure essere informato se la Statua e gli altri marmi sono già incassati e pronti al trasporto; onde dietro le repliche della Sig. Contessa, io possa prendere quelle misure opportune per effettuare l' arrivo in Firenze. Stò in attenzione della sua risposta; mentre pieno di vera stima e con tutto l' ossequio mi protesto, ecc.

La prego di ossequiare da parte mia il suo Signor Fratello. L' amico Santarelli, il quale ha un diritto alla mia eterna gratitudine per le attenzioni che ha usate verso di me nella dolorosissima circostanza della morte di mia madre accaduta pochi giorni sono, la riverisce con tutto il cuore, si lei che il suo signor Fratello. Il mio è tormentato ancora dalla podagra ai due piedi ed al gomito, ma comincia a star meglio, e si lusinga di poter presto lavorare per non trovarsi indietro al momento della partenza, il quale par fissato quando la neve delle montagne sarà sciolta (1).

---

(1) Bassano, *ibid.* Le Dr Fabre à Canova, Florence, 5 avril 1810. *Inscription*: A Monsieur, Monsieur le chevalier Canova, sculpteur, Rome.

La quinzaine suivante fut consacrée par Canova à l'emballage de ses marbres: il y eut une différence sensible entre le nombre des caisses prévues d'abord par lui et celui qu'il en fallut; le poids aussi était sensiblement plus élevé qu'il n'avait cru: la seule caisse destinée à la statue pesait par elle même deux mille livres! Canova envoyait par cette lettre une note du poids de ses caisses (1), et il

---

(1) Cette note ne se retrouve pas, mais doit être sensiblement identique à celle-ci, qu'il signa le 7 juin 1810 pour le voiturier; les caisses ayant été fermées à ce moment, il n'y a pas d'apparence que le poids de leur contenu ait varié; les onze caisses se répartissaient ainsi:

Pezzo con la medaglia del ritratto	Peso	Lib.	2705
Pezzo di rivolta con la lira e festone della faccia dell'urna	»	»	3030
Pezzo di rivolta con la lira del urna . . .	»	»	2270
Altra cassa della lira di mezzo del zoccolo .	»	»	2250
Pezzo di faccia del frontone a timpano . .	»	»	1720
Cassa con il cornocopio di abbondanza. . .	»	»	790
Pezzo di rivolta del frontone con due maschere	»	»	1250
Cassa pezzo di rivolta del frontone con una maschera	»	»	640
Due pezzi di marmo grezzo	»	»	935
Altro pezzo	»	»	368
			15.958

Cassa grande peso libre 13530

Attesto io sottoscritto che le somme del peso delle casse sono appunto le sopradescritte.

Roma 7 giugno 1810.

Antonio Canova.

demandait que l'on construisît à Florence le chariot spécial sous la direction et la surveillance méticuleuse de Fonteboni ; il demandait l'envoi de deux hommes d'escorte pour ce char et les autres charrettes ; il demandait que ce chariot vînt le plus vite possible à Rome. Plusieurs lettres sont consacrées à ces détails matériels, qui montrent Canova *entrepreneur* sous un jour flatteur, qui mettent en lumière sa conscience et sa loyauté à s'occuper de détails qu' un autre eût jugés indignes de lui ; ses condoléances au D.r Fabre pour la mort de sa mère, qui y arrivent en post-scriptum, font un effet un peu singulier.

Stimatissimo Signor,

Eccole una distinta nota delle casse contenenti i varî pezzi dell' urna col rispettivo peso e di questi e di quelle. Ella vi scorgerà una differenza sensibile e di peso e di numero ; errore di cui io sono colpevole in parte, e in parte scusabile, dalle nuove considerazioni fatte dal falegname che ha creduto, cosi è in fatti, meglior economia di peso il dividere in più casse alcuni pezzi che io pensava potessero combinarsi bene uniti per diminuire appunto il numero delle medesime : le quali ora sono cresciute da cinque a otto; la diversità poi del peso totale deriva dal non aver io calcolato prima quello delle casse, conteggiando le sole pietre secondo le supputazioni geometriche che poco deggiono dipartirsi dal vero : nón avendo voluto farle pesare espressamente per non raddoppiare senza necessità una spesa ; giacchè li vetturali vogliono sempre essere presenti a cotali scandagli. Anche nella figura occorse un abbaglio, perche facendo ripigliare le misure per farne fare la cassa, si è scoperto che questa ascenderà in lunghezza dalli sette palmi agli otto e diverrà più lunga d' un mezzo palmo : e la cassa, non contemplata nelle 11 migliaja di libbre, vorrà pesare necessariamente da se sola altre due mille. Quindi attese queste differenze, parmi che dovrà maggiormente usarsi cautela ed attenzione nel far costruire il carro apposto per trasportarla. E questo carro sarà necessario fare costì, per ogni miglior riguardo: essendo impossibile di ritrovarne uno adattato quì in Roma, e fuor di speranza di costruirlo al prezzo medesimo; e quand' anche ciò si potesse, io temerei sempre di qualche pericolosa negligenza, e più mi fido che sia eseguito costì, dove il bravissimo sig. Fonteboni è in grado di togliere ogni più lontano scrupolo e timore; e bramerei similmente che venissero di Firenze ancora come si progettano quelli due uomini d'accompagno; onde le cose procedessero con miglior ordine ed armonia dei conduttori. Le casse dei pezzi dell' urna sono già pronte, e si potrieno spedire anche oggi.

Frattanto io crederei che sopra il muro del secondo subasamento (posto che siasi già alzato all' elevazione appunto che si richiede) potrebbesi collocare la pianta e li piedi dell' urna che stanno in Firenze, e che non si può sbagliare a situarli al posto loro, dovendo espressamente occupare il mezzo del piano e intersecare la longhezza del monumento; e quando sieno giunte le pietre dell' urna, si potria sicuramente farle porre anche esse al suo sito, eccettuatone il coperchio. Gli altri pezzi poi del subasamento secondo, gli porremo su dopo alla figura. Tali sono le considerazioni che deggio sottoporre alla sua prudenza: ella ne prenderà quindi le opportune misure.

Mi duole nell' animo d' intendere che il di Lei fratello sia nuovamente travagliato dalla podagra: voglio sperar che, mutando cielo e ritornando alle nostre contrade, lascierà oltre a' monte la sua malefica compagna. Il signor Santarelli ha un ottimo cuore e sensibile; partecipa alle disgrazie degli amici, come fossero sue proprie; onde mi immagino che la di Lei cordiale amicizia avrà opportunamente confortato il suo spirito nella dura circostanza di perdere la propria madre. In questi momenti specialmente si sente il pregio inestimabile d' un amico leale. Mio fratello ha l' onore di ricambiarle i suoi distinti complimenti, ed io, bramando che le nevi si sciolgano presto dalle montagne etc.

Si è risparmiato l' imballatura a tutte le casse che, perciò han dovuto farsi alquanto più grosse; ma si è guadagnato e il minor volume e la spesa non piccola dell' imballaggio.

Sento in questo punto che arrivano da Firenze a Roma delle casse di vino per paoli quindici al cento. Questo potria servire di norma per le casse piccole, che, appunto essendo molte e comode, deggiono essere portate a minor prezzo (1).

Muni de ces renseignements précis et ayant reçu d'autre part les instructions de la Comtesse, avec l'avis général de suivre en tout les instructions de Canova, le D.r Fabre conclut alors son marché avec le voiturier Pollastri, et régla minutieusement les conditions du transport:

Stimatissimo Signore,

Se ho indugiato finora a rispondere all' ultima sua lettera colla quale ho ricevuto la nota delle casse e dei loro pesi, è stato unicamente perchè aspettavo la risposta della sig.ra contessa d' Albany, ed avendola ricevuta mi affretto di comunicargliela. Non solamente la signora contessa approva i patti progettati coi vetturini di Firenze, ma essa mi fa ancora dei rimproveri sulla mia troppo scrupolosa attenzione di aver voluto sentire il suo parere, prima di terminare il contratto coi medesimi. Dietro dunque a questa sua risposta, ho dato l'incumbenza al sig. Fonteboni (a cui ho dato le misure della gran cassa) di far subito e senza ritardo costruire il carro per la statua, poichè Ella crede che in Roma non sarebbe possibile di trovarne uno adattato, che non lo farebbero con tanta diligenza, nè allo stesso prezzo, e poichè il trasporto del medesimo non cambia nulla al prezzo patuito, ed ho fissato il contratto coi fratelli Pollastri, vetturini in Firenze, ai patti dei quali Ella è stata già da me informata. Prima però di fissarli, ed in considerazione dell' avviso ch' ella si è compiaciuta darmi, che dei vetturini Fiorentini avevano portato del vino a Roma per il prezzo di paoli quindici per centinajo, ho voluto interrogare un' altro vetturino, e questo ha domandato per ultimo prezzo paoli 18 per centinaio per il nolo delle piccole casse, ed irrevocabilmente paoli

(1) Ant. Canova au docteur Fabre, Rome 13 avril 1810. *Suscription*: A Monsieur Monsieur Fabre, docteur en médecine, à Florence. (Montpellier, Bibl. Comm.)

25 per centinajo per quello della Statua. Ed avendo il Pollastri sentito che il peso della Statua ascenderebbe a 13 mila libbre, invece di undici mila, era quasi risoluto a ritirare la sua parola ed a non voler più prendere l' incombenza del trasporto: perchè la mole ed il peso della Statua gli fa spavento, e teme per i suoi muli, massimamente nelle scese, perciò egli prenderà forse la strada di Spoletto, quantunque più lunga; ma ad onta de'suoi dubj e timori, la cosa è fissata, ed egli partirà subito quando il carro sarà in ordine. Il sig. Fontebuoni mi fa sperare che in meno di 15 giorni sarà terminato. Volendo io uniformarmi al suo consiglio di spedire costà subito le piccole casse, avevo domandato al Pollastri di partire senza indugio: ma egli mi ha fatto osservare che sarebbe meglio di aspettare il carro, perchè manderebbe allora, insieme con gli altri carri per le piccole casse, gli uomini ed i muli per portare il tutto; acciochè se mai succedesse una disgrazia nel viaggio, essendo molti in compagnia, potessero darsi scambievolmente ajuto; ed in tal guisa pensa il sig. Fontebuoni, che si potrà fare il risparmio dei due suoi uomini che aveva il progetto d'incumbenzare di accompagnare la Statua. Basterà di dare la vite d'Archimede a' vetturini, ai quali verrà insegnata la maniera di adoperarla nell' occorrenza. A norma dei patti, i vetturini debbono ajutare a caricare le casse sui rispettivi carri, senza pretendere veruna ricompensa. Ella dunque richiederà la loro assistenza. Sarà altresì necessario di avvisarmi del tempo preciso in cui la Statua potrà esser incassata e pronta a partire, onde regolarmi nello spedire i carri, acciò io non esponga la Sig.[ra] Contessa a soffrir le spese del loro trattenimento. Per non perdere tempo inutilmente, credo necessario ancora di far speditamente pesare con esattezza la Statua ed altri marmi nelle loro casse, da lei calcolati secondo le supputazioni geometriche e non pesati espressamente; avendo convenuto coi Pollastri, che si rapporteranno interamente, al peso che ella si degnerà descrivere in una nota a parte, da Lei firmata, che esibirà ai medesimi prima della partenza, poi rimetterà a me in Firenze (1). E qualora gli uomini dei Pollastri opponessero

(1) C'est la note publiée ci dessus.

difficoltà sul peso, ho fissato, che a tutte loro spese procederanno in Firenze ad un nuovo peso. Se ella però crede che una tale operazione sia breve ed eseguibile nel momento che i marmi e Statua dovrebbero caricarsi sopra i carri, allora essendovi presenti i vetturini, si toglierebbe ogni dubbio di questione. Essendo poi l'operazione lunga, stimerei bene l'anticiparla, se mai quella da lei fatta secondo le supputazioni geometriche non le pare bastante

Mio fratello mi scrive, in data del dì 16, che, non hessendo più tormentato dalla podagra, ha già ricominciato a lavorare, e che terminato che sará il suo lavoro, quale è adesso l'unico ostacolo al suo ritorno, si disporrà colla Sig. Contessa d'Albany alla partenza per Firenze. Il sig. Pietro Benvenuti, il quale è arrivato felicemente da Parigi pochi giorni sono, ed il sig. [Degli] Alessandri mi ha detto che circa tre mesi basterebbero a mio fratello per terminare il suo lavoro. Spero dunque dopo quel tempo, che mi pare un secolo, di non esser più solo. La ringrazio con tutto il cuore della parte che ella si è degnata prendere alla mia irreparabile disgrazia. La prego di riverire il suo sig. fratello, di gradire i saluti dell'amico Santarelli, e di credermi colla più vera stima e con tutto l'ossequio, etc. (1).

Fabre d.r di med.

Voici la réponse que Canova fit, par retour du courrier, à son correspondant :

Stimatissimo Signore (2).

Mi muove a tenerezza e gratitudine la nobile generosità della signora contessa, e quindi sempre maggiormente io mi compiaccio d'avere intrapresa quest' opera per conto suo. Va tutto bene quello ch' Ella mi scrive

---

(1) Le docteur Fabre à Antonio Canova, Firenze li 30 aprile 1810. *Suscription :* A Monsieur | Monsieur Canova | sculpteur à Rome. (Bassano, B. Civ. Comm. II).

(2) Ant. Canova au doct. Fabre, Rome, 4 mai 1810. *Même suscription.* (Montp. *ibid*),

per la stimatissima sua de' 30 passato. Penserò a fare subito incassare la statua, e già la prevengo con sicurezza assoluta che potrà mandare li vetturieri a pigliarla con le altre casse, subito dopo che il carro sia terminato, perchè non si sarà da perdere un momento per li vetturali che troveranno quì ogni cosa in ordine; e specialmente le casse minori fatte saranno anche pesate, benchè questa operazione soglia portare poco imbarazzo, e per dir meglio la perdita di qualche sola ora. Temo soltanto che non si possa venire a far pesare anche la cassa della statua, non trovandosi a Roma stadere per questa mole. Tuttavia si farà il possibile onde accertarne il peso, e nel caso che veramente si manchi quì del mezzo sicuro, potria bastare frattanto la supputazione geometrica, e riservarsi ad eseguire l' altra più certa quando giungerà a Firenze. Mi pare che le cose andranno benissimo, e che torni anche utile che la spedizione sia fatta di un colpo solo. Siamo assai contenti del sentire che il di lei fratello sia libero della podagra, ma non senza timore che la passione e la necessità di terminare quella sua opera ci ritardi fuori delle nostre speranze la venuta di Madama e di lui in Firenze. *Etc.*

PS. Si compiacerà di avvisarmi col corso di posta il dì preciso che partirà il carro da Firenze.

Il fallut encore un mois de combinaisons pour assurer dans les meilleures conditions possibles le transport de ces énormes masses de marbre, et pour construire les chars spéciaux destinés à l'effectuer matériellement. Voici les dernières lettres échangées à ce sujet entre Antonio Canova et le dévoué docteur Fabre :

Stimatissimo Signore,

Sulla certezza datami, con l' ultima sua del dì 4 maggio, che tanto la Statua che gli altri marmi sarebbero stati incassati e pronti al trasporto per quando fosse terminato il Carro, la prevengo adunque, come ella me ne richiede, che questo essendo stato già costruito, viene da me spedito per Roma in questo dì 29 del cadente maggio. Dei vetturini, secondo gli accordi da me fatti coi Pollastri, ella potrà prevalersene per far ajutare a caricare la statua e le altre casse sui carri, senza che possano da lei pretendere alcuna gratificazione ne' mercede. I carri per le piccole casse sono già partiti fino da jeri. La prego d' invigilare che i piccoli marmi siano spediti in uno stesso giorno con la Statua, e qualora i carri già spediti non fossero sufficienti a trasportarli, i Fratelli Pollastri mi hanno assicurato avere in Roma dei carri disponibili a questo oggetto. Ella viene adunque pregato di obbligare i vetturini a mantenere la loro parola di non partire da Roma se non abbiano eseguito l' intero carico delle Numero otto casse.

Parte coi vetturini e per accompagnare il carro, un uomo del Sign. Fonteboni munito della vite d' Archimede e di tutto il bisognevole per riparare agli accidenti che potrebbero accadere nel viaggio. Giovanni, uno dei fratelli Pollastri, viene in persona a dirigere il trasporto delle casse. Onde mi lusingo che avendo usato tutte le diligenze e cautele, non mai troppo grandi, trattandosi di un suo lavoro, la Statua giungerà felicemente in Firenze. Spero ch' ella sarà contento della stabilità del carro, il quale è stato fatto senza nissun risparmio.

Mio fratello ha avuto ancora un fierissimo insulto di gotta alla mano sinistra, e perciò non avendo potuto lavorare, sento con sommo mio rincrescimento che il suo ritorno ne viene ritardato. So ch' egli stà meglio, e stò aspettando in breve una lettera colla quale mi lusingo di avere notizie dell' epoca precisa della sua partenza. La Sig.ra Contessa d' Albany sta sempre bene e sempre mi parla del suo prossimo ritorno.

Riverisca il suo sig.or Fratello, e mi creda *etc.* (1).

Stimatissimo Signore,

Con lettera comunicatami da Carlo del Chiero, nipote di Giovanni Pollastri, in data di San Quirico, del dì primo del corrente, rilevo che il carro non ha potuto passare che a stento, benchè vuoto, per la porta seconda di detta

---

(1) Le D.r Fabre à Canova. Firenze, 29 Maggio 1810. *Suscription:* A' Monsieur Canova Sculpteur, Rome. (Bassano, *ibid*).

terra e che è impossibile affatto il transito per la medesima del carro quando sarà carico.

Sopra tal particolare, sono state date da Fontebuoni al suo uomo che accompagna la vite di Archimede, con lettera di questo giorno e con la direzione alla di Lei persona, le istruzioni opportune per valersi di detta macchina, ad onta della difficoltà proposta da Giovanni Pollastri che non possa agire la capra trattandosi di salita. Ella adunque dirà a Giov. Pollastri ch' io intendo uniformarmi interamente al parere di Fontebuoni e che piacendo al Pollastri di scrivere al maire (*sic*) di San Quirico per ottenere la facoltà di fare i lavori necessari per facilitare il passo, li faccia pure a suo piacimento; protestandogli che io non intendo prendervi alcuna parte, e che non mi obbligo al rimborso di alcuna spesa, benchè tenue, che occorresse, avendogli già somministrati i mezzi per riuscire nell' intento di cui abbisognamo per transitare la statua per tutta la strada da Roma a Firenze.

Mio fratello sta meglio della podagra e comincia a levarse: onde spero rivederlo presto. La prego dei miei distinti ossequi al suo fratello, e mi creda *etc.* (1).

PS. Rimetto in suo pieno potere d' autorizzare Pollastri a devenire a quanto richiede su i lavori da farsi alla porta di San Quirico, quando ella creda che il caricare o scaricare la Statua possa arrecarle danno.

Stimatissimo Signore (2).

Tutto mi sembra preparato a meraviglia. Vengano pure li carri che troveranno tutto in ordine. Io adempirò possibilmente tutti gli articoli che per la gentilissima sua del 29 aprile (3) mi vengono espressi, ed userò tutta la cura perchè le cose corrano regolarmente.

---

(1) Le même au même, Firenze, 5 giugno 1810. *Même suscription.* (Bassano *ibid*).

(2) A. Canova au D.r Fabre. Rome, 3 juin 1810. Même suscription. (Montp. B. Comm.).

(3) Erreur évidente pour 29 maggio.

Mi rincresce che il suo fratello torni ad essere tormentato dalla gotta alla mano, e mi duole del suo male e della ritardata venuta di esso e della d. contessa in Italia.

Avrò attenzione di avvisarla opportunamente della partenza del convoglio da Roma.

Pregiatissimo Signore,

Ricevo col corriere dello stesso giorno, e la sua gentilissima del 5 corrente, e l'altra dell'egregio sig. Fontebuoni del 6. Entrambe parlano dello stesso argomento, e mi comunicano delle istruzioni troppo tardi, perchè io sia in caso di eseguirle. Si è già effettuato il carico di tutte le casse con la miglior prontezza e concordia; e nel giovedì stesso in cui si terminò tal operazione, partirono allegramente alle cinque pomeridiane. Il giovine Sensoni, inviato del sig. Fontebuoni, non mi spiegò verun dubbio o timore sul contrastato passaggio della gran cassa per la porta di San Quirico. Bisogna credere che egli fosse già certo in se medesimo di vincere le difficoltà che ora si muovono, e che non doveano a lui essere ignote, dopo l'avervi fatto passare il carro vuoto. Io spero che tutto anderà bene e a seconda del nostro desiderio. Li vetturali dicevano voler essere in Firenze fra 9 giorni. Io porterò meco le note distinte delle spese incontrate per questo effetto, cioè di falegname, ferraro, certificato di origine, e uomini per aiuto, senza contar quelli dello studio, quantunque li vetturali abiano, facciatamente però, adempito al loro impegno. La totalità ascende a d. 209.60.

Credo poter essere anch'io in Firenze contemporaneamente all'arrivo delle casse. Intanto mi piace intendere che il miglioramento del suo fratello ci abbrevi, ed acceleri il momento di rivederlo con la sig.ra Contessa. La prego di riverirmi il sig. Fontebuoni, al quale risparmio la noia di una risposta inutile, dopo quello che ho l'onore di dire a Lei per la presente.

PS. Il peso della cassa della statua va a libre 13530, quello delle altre insieme libre 15958; e la differenza che si vede nella totalità risulta da due pezzi di marmo aggiunti e non calcolati da principio. e che portano ambedue libre 1303. Ella vede che lo scandaglio anticipato non si partiva molto dal vero (1).

Ces dernières lettres nous montrent la pleine réussite de cette entreprise délicate: ce fut le 13 juin que le convoi partit de Rome, sous la conduite du jeune Sensoni, sans doute un contre-maître de Fonteboni. Une dernière difficulté, on l'a vu, avait été soulevée, quelque peu inquiétante: à savoir si le char portant la grande statue pourrait passer sous la porte de San' Quirico; mais elle avait été résolue promptement, et l'on n'en reparla même plus à Canova. Les voituriers promettaient enfin de ne pas mettre plus de neuf jours pour faire le voyage de Rome à Florence, malgré les lenteurs auxquelles les condamnait nécessairement l' énormité des poids qu'ils avaient à mener. D'après la note que leur remit Canova au départ, l'ensemble du charroi, marbres et caisses, formait un poids total d'environ 29.000 livres. Le voyage ne paraît avoir présenté aucun incident.

Avec le départ pour Florence de ce convoi marmifère, la première partie de l'œuvre de Canova était terminée.

Si heureux qu'eût été ce transfert, dont on doit sans doute attribuer le succès aux précautions prises par l'entrepreneur Fonteboni, le paiement donna lieu quelques mois après à un incident entre lui et le D.r Fabre. Celui-ci, scrupuleux ménager des deniers de la Comtesse, trouva trop élevée la note de 1269 écus et voulut la réduire. Onofrio Boni dut intervenir, et, d'un ton quelque peu péremptoire, déclara que cette note était la modération même, vanta l'extrême délicatesse de l'entrepreneur qui se contentait en somme, d'après lui, de très-mé-

(1) Le même au même. Rome, 10 juin 1810. Même suscription. (Montp. Bibl. Comm.).

diocres honoraires. Boni en voulait au D.r Fabre d'avoir laissé Canova reconstruire l'*arco* du monument à sa fantaisie, sans attendre d'instructions de la Comtesse, et sans avoir tenu compte de son avis personnel. L'incident n'a qu'une médiocre importance, mais la vivacité de la lettre de Boni la rend assez amusante pour que je la cite :

Gentilissimo Sig. Dottore,

Importando il totale del conto del signor Fonteboni scudi mille dugento sessantanove, ed avendone ricevuti ottocento, osservo che avvanza ancora più di un terzo della spesa totale.

Supponendo che vi fosse qualche tara da fare sulle due note dell' assistenza al lavoro del suddetto Fonteboni e a quella dei noli, osservo che queste due note, sommate insieme, importano scudi 327 circa ; onde la loro tara sarebbe ben piccola cosa in paragone di ciò che avvanza il sig. Angelo suddetto, ed Ella potrebbe sicuramente dargli non solo dugento scudi, ma anche quattrocento, a conto di scudi quattrocento sessantanove che egli avvanza.

Circa poi alla tara che Ella suppone potersi fare specialmente ai detti due conti (che degli altri tutti non credo vi possa esser dubbio, trattandosi di rimborsarlo) io osservo che, nel conto dei noli, trovo non solo i prezzi che mi erano noti non per lo scrittojo, che non prendeva a nolo, ma quelli d'uso per la città, ma trovo anche una generosità di non computare i noli di tende e legnami espressi nella nota appostavi, che ascenderebbero a lire trecento. Concludo dunque che abbondantemente questo conto è stato tarato dal Sig. Fonteboni.

Circa all' onorario, osservo che non arriva, in quasi sedici mesi, a zecchini quaranta, valutandolo ad una giornata minore di un capo maestro. Osservo ancora in ciò molta modestia : perchè non so qual capo maestro in Firenze avesse fatto si presto e si felicemente quello che ha fatto il Fonteboni ; e nei lavori straordinari e di abilità non comune, ogniuno può domandare un prezzo di affezzione ; e me appello agli artisti. Ora che sono mai 40 zecchini ? La Comunità ne regalò trenta al medesimo per alzare le guglie di Santa Maria Novella in 20 giorni; e son sicuro che una signora del rango della Sig. Contessa molto di più gli darebbe.

Devesi infine riflettere che sono quasi sedici mesi che il sig. Fonteboni, non ricco, è in isborso di somme cospicue senza nessuno interesse per una grande e ricca signora, alla cui convenienza bisogna pur riguardare, non soffrendo questa di profittare dei sudori altrui.

Queste sono le osservazioni che mi sono passate per la mente e che farei alla stessa Sig. Contessa, aggiungendovi quella dell'impresa si temeraria, e felicemente riuscita — del secondo arco ordinato dal sig. Canova senza neppure volere aspettare il consenso di Lei, come la giustizia e la convenienza voleva; ne so come mai Ella glielo permettesse, potendosi in caso sinistro trovarsi la Signora Contessa assai compromessa col Demanio, se fosse accaduta lezione da ripararsi. Ma per me non ci è stato alcun riguardo altro che a parole (1).

A Florence, pendant cette longue absence de la comtesse d'Albany et pendant que Canova terminait son œuvre propre, les travaux de Santa Croce avaient continué sous la direction d'Onofrio Boni. Bien des causes en avaient retardé l'achèvement. Il avait fallu aménager l'emplacement du nouveau monument, et pour cela, avant d'en faire la maçonnerie, en démolir et déplacer deux autres, les monuments Cocchi et Nardini; la saison d'hiver, la suite des fêtes religieuses, de trop nombreuses expositions du saint sacrement, avaient amené de fréquentes et regrettables suspensions du travail. Surtout il avait fallu prendre des dispositions pour occuper toute la paroi entre les deux autels et n'y laisser aucun espace vide où l'on aurait pu dans la suite placer un autre petit monument: intrusion de nature à rompre l'harmonie du tombeau d'Alfieri. Mal-

(1) Lettre non signée de O. Boni au D.r Fabre, Florence 21 novembre 1810. Montpellier, Bibl. Comm.

gré toutes ces raisons de retard, au milieu d'avril 1810, toute l'architrave était complètement finie, la niche construite et orné de *cassettoni* carrés. Il ne restait plus à terminer que la partie supérieure de la corniche qui ne pouvait être achevée qu'après la mise en place de l'ensemble.

Restait à peindre les murs de cette niche, la base du monument, divers ornements d'architecture qui l'entouraient: Boni imagina une décoration compliquée et symboliste, où devaient figurer des bas-reliefs peints représentant Dante et Pétrarque inspirateurs du génie d'Alfieri. Pendant tout le mois d'avril, il multiplia pour présenter et défendre ses idées les lettres à la comtesse et à Canova. Mais le sculpteur ne voulait pas nuire par des décorations accessoires à l'effet de sa composition, la comtesse ne voulait pas associer d'autres poètes à la mémoire de son héros: les idées de Boni furent en général repoussées: ses lettres sont cependant intéressantes.

Veneratissima Signora Contessa e padrona rispettabilissima.

Per varie ragioni, e specialmente per quella che Ella spende, è ben dovere che sappia quello che si è fatto nell' affidatomi incarico del mausoleo. L'annesso disegno (1) le mostrerà il partito da me ideato, con soddisfazione del sig. Canova che ne è inteso, per occupare tutta la facciata tra un' altare e l' altro, per evitare il caso che in avvenire si mettesse accanto al suo qualche altro piccolo monumento. Tutta l' architettura è fatta. L' arco è ornato nel di sotto di cassettoni quadrati coi suoi rosoni. Manca la parte superiore del cornicione, che essendo dipinta vedremo se accorda col resto in rilievo, e allora si lascerà com' è.

Non si maravigli se l' affare è stato lunghetto, perchè si tratta di aver fatto, oltre il nuovo, la demolizione

---

(1) Ce dessin n'a pas été conservé.

e traslazione di altri due depositi, in tempo d'inverno e in una chiesa piena di feste e di esposizioni del santissimo, nei quali giorni non si lavorava e per conseguenza non si pagava. Poi vi sono state altre sospensioni di lavoro, come le avrà scritto il sig. Fabre. In somma la spesa totale sino ad ora in tutto sarà circa scudi 450 pel nuovo mausoleo, scudi 38 pel sepolcro del Cocchi e sc. 33 per quello del Nardini, ambedue certamente meglio collocati di prima, onde niuno può lagnarsi e questa spesa mi pare assai meno di quella si credeva. Vero è che per la parte a me affidata non è finita; ma non credo che si sorpasserà una metà della spesa sinora fatta per l' Alfieri. Non calcolo il trasporto e l' erezione della statua. Il sig. D.[re] Fabre le avrà già di ciò scritto.

Le è già nota, dovendovi fare due bassirilievi al lato dell' Arco, la mia idea. Il sig. D.[re] Fabre mi ha comunicate le savie sue e troppo modeste riflessioni. Il mio pensiero fu di simboleggiare in quei bassirilievi il genio dell' Alfieri per questi due luminari della poesia per cui salì tant' alto. E acciò non ci cadesse equivoco, avevo pensato di scrivere sotto il Dante i due versi che egli applica a Virgilio:

Tu se' solo colui, da cui io tolsi
Lo Bello stile, che m' ha fatto onore.

E sotto al Petrarca:

In lui si mostra
Chiaro, quant' ha eloquenza e frutti e fiori:
Questi son gli occhi della lingua nostra

come il Petrarca dice di Cicerone nel *Trionfo della Fama*. Onde, o nei bassi rilievi si facciano le figure intiere dei due poeti, o i due busti (lo che si deciderà sul luogo schizzandoli, e scegliendo il partito più adattato per quel gran tempio) sarà sempre vero che il genio dell' Alfieri per quei poeti lo ha reso celebre come indicano i due geni alati colle corone.

Dovrà adesso decidere il signor Canova se vuole i due bassi rilievi e i due candelabri dipinti a marmo statuario o a metallo dorato, e di che colore vuole dipinto il fondo dell'arco; e a tal' effetto gli scrivo. Forse sto in dubbio se non faccio i due candelabri a bassorilievo di legno, e poi dipinti come le figure di sopra, per essere sottoposti ad essere guastati presto di sola pittura, essendo bassi.

La prego più presto che può a dirmi il suo veneratissimo parere, acciò io mi decida col pittore a quel partito che più le aggrada.

Scuserà il disegno fatto fare da un figlio di Fontebuoni per solo darle un' idea dell' opera.

Il mio parere può esser sospetto, come inventore di questa decorazione. Ma nel tutto insieme non mi dispiace dopo le più tenere rimazioni, paragonandolo agli altri mausolei, sembrandomi il partito più grandioso e proporzionato a quella gran statua ed alla vasta chiesa, e torno a dire che il Canova mi scrisse esserne contentissimo.

Spero abbia Ella accolto colla solita benignità un mio opuscolo presentatole dal princ. Ricasoli.

PS. Dopo avere scritto ricevo la sua dei 30, piena della solita sua bontá per me, e le cose mie. Giannutti fece alquanto ridere, fuori di Morghen. (1)

Firenze, il venerdì santo 1810.

Sig. cav. carissimo (2).

Nella confusione in cui sono per mille impicci, (stante la morte seguita dell' abbate Lanzi), mi scordai nell'altra mia di dirle che nel caso che a lei non piacesse niuno dei progetti fattile per dare una tinta al cornicione tra un altare e l' altro, all' archivolto ed alle pilastrate dell' arco, fatto tutto di stucco a differenza degli altri depositi, ove tutto è dipinto, mi dica il suo parere, che io

---

(1) O. Boni à la comtesse d'Albany, Florence 14 avril 1810. *Suscr*: A Madame. Madame la Contesse d'Albany, née princesse de Stolberg, Hotel des Etrangers, Rue de la Concorde n. 6 à Paris. (Montpellier), Bibl. Munic.

(2) O. Boni à Canova, *Suscription*. A Monsieur, mons. le chevalier Canova, sculpteur très-célèbre, à Rome. (Bassano, *ibid.*, *Commissioni* II).

seguiterò ben volentieri; anzi mi farebbe un gran piacere, null' altro desiderando che contentarla. Vuole una mutazione di altro marmo o pietra a suo piacere, ove campeggi la sua opera? Si figuri tutto lo spazio tra un altare e l' altro colla mente, e si decida per il migliore effetto tra le due masse degli altari.

I due candelabri dovrebbero arrivare al piano del fondo dell' urna. Non sono fatti e questi soli mancano. Se non gli vuole lo dica.

Sono con tutta più perfetta stima, etc.

Signor cavaliere stimatissimo ed amatissimo.

Siamo già al fine dell' opera, nè si può andare avanti senza il suo assenso. Le faccio alcune domande pregandola a riprendere in mano il disegno.

Di che colore gradisc' Ella i bassirilievi, di marmo statuario o di metallo dorato? Approva Ella che si facciano o in un caso o nell' altro di diverso colore dal fondo in cui campeggiano? Approva Ella, facendoli di metallo dorato (s' intende finti a pittura) che si dorassero i rosoni, e l' orolo dei cassettoni sotto l' arco, qualora la spesa sia discreta?

Di che colore, o meglio dire di qual marmo, ama Ella, che sia il fondo dell' arco, su cui campeggia il deposito? Ama che sia del colore dell' Architettura, o più scuro?

La prego a schizzare in quel disegno lateralmente all' arco due genj volanti, o altra cosa a genio suo e nei vodi dei pilastri due candelabri in modo, che la cassa venga a livello dello zoccolo ove poserà la Statua, come ho fatto io, togliendo affatto l' incassatura segnata in codesto disegno. Poi gli dia due botte d' acquerello color di pietra del nostro paese, che otterrà facilmente mescolando coll' inchiostro della Cina un poco di turchino, se vuole pietra serena che presso a poco corrisponde a quei ciottoli alquanto cerulei, coi quali si selciano costì le strade: oppure mescolando col detto inchiostro un poco di giallo, se vuole pietra forte, o macigno, come quì dicono, che corrisponde ad un travertino molto pattinato come quello del palazzo Farnese.

Poi si compiaccia dare ai Candelabri, e alle sole figure del bassorilievo, il colore o di marmo statuario, o di metallo dorato, e mi scriva ciò che più le piace. Avverta per l'effetto totale di tenere lo zoccolo primo, o gran piedestallo coi festoni, alquanto più scuro del resto del Mausoleo superiore, essendo di un marmo venato fitto, che Ella già conoscerà. Se io fossi cogli occhi capaci di certi lavori, le risparmierei questa piccola esperienza. Sarà inutile sicuramente pel suo genio penetrante, che vedesi cogli occhi della mente quello che non vedo io cogli occhi del corpo. Ma mi preme ch' Ella sia contenta in tutto.

Dall' altra parte conviene ormai decidersi ad un partito, onde quand' Ella viene sia tutto fatto, ne vi sia bisogno più di ponti, posata la Statua; ed al Pittore, non volendone prendere uno affatto ignobile, conviene accordare un poco di tempo per quei bassirilievi.

Ascriva questa seccaturina, che le dò, al genio di servirla meno male che posso. Il fatto sino ad ora è piaciuto nella sua semplicità a chi lo ha veduto, e riesce il Mausoleo più grandioso della Chiesa, tutto bianco com' è. Bisogna nel colorirlo aver giudizio per non impiccolirlo, e per non fare nè una cosa tetra, nè allegra, che dia fastidio alla sua opera. È inutile che Ella mi mandi quì il suo acquerello. Basta che mi dica ciò che risolve, e ardirei pregarla dirmelo presto nell' atto che rispettosamente mi dico etc. (1)

Firenze 16 aprile 1810.

Chiarissimo sig. cavaliere.

Spero ch' Ella non troverà male che io, in nome del fratello con cui sono una cosa sola, risponda anche questa volta alla gent.^{ma} sua, portante la infausta morte del celebratissimo ab. Lanzi, degno di vivere sempre nella memoria de' posteri. Il cornicione tra un altare e l' altro si amerebbe della tinta appunto degli altari medesimi, onde fare con tal mezzo più spiccato il monumento. Le rinovo il tenore dell' antecedente mia, rapporto alle diverse di lei domande, per le quali seguendo le traccie medesime

(1) Onofrio Boni à Canova. Firenze 16 aprile 1816. *Suscript:* À Monsieur, Monsieur le chevalier Canova, sculpteur très-célèbre à Rome. (Bassano, Bibl. Munic. Commiss. II).

del suo savio parere, le si raccomandava che il fondo dell'arco avesse una tinta a granito bigio; e che tutti gli altri rimanenti di bassirilievi, di candelabri che faranno buonissimo effetto da vedere di rozoni, l'archivolto medesimo, vorebbero esser dipinti a finto marmo, sul tuono appunto della pietra del primo zoccolo. Col desiderio di poter rivederla, pregandola di gradire gli omagi del fratello, ho l'onore di protestarmi, etc. (1)

Di lei chiar.^{mo} sig. cav.

Roma 2 aprile 1810.

Amatissimo sig. cavaliere e veneratissimo padrone,

Dalla lettera del 21 del sig. abate Gio. Battista, ho inteso cosa fare. Il pensiero di fare gli adornamenti dell'arco, l'imposta, l'archivolto, e i bassi rilievi del colore della pietra del primo zoccolo del mausoleo mi era venuta in testa. Ma rimase escluso dalla idea sua primitiva di far campeggiar il suo lavoro in un fondo color di pietra conforme appariva dalla incisione in rame. — Quindi credei che Ella non amasse niente di comune tra l'arco ed il monumento, ed andai ideando metalli, conforme le scrissi pel sig. Landi; e parvemi Ella allora approvasse. Ma il miglior partito è quello da Lei scelto, e si farà come desidera; bene inteso che c'intendiamo per non variare.

Il suo sig. fratello conchiude dopo i dettagli: In somma si bramerebbe che il tutto (fuori del fondo a granito bigio) rappresentasse del marmo in chiaroscuro, di tinta simile a quello dello suddetto primo zoccolo.

Ora io domando si devono fare i due sodi dell'arco, tutto il cornicione superiore che ricorre tra un altare e l'altro e il fondo dei due bassirilievi di colore della nostra pietra, e le figure dei bassirilievi e gli ornamenti dell'arco e i candelabri del colore del marmo dello zoccolo? oppure ogni cosa, da cima sino in terra, come il

(1) L'abbé Canova à Boni, 21 avril 1810. (Bassano, Bibl. Munic. Commiss. II).

marmo dello zoccolo tutto di una tinta: cioè sodi, cornici, ornamenti e cornicione?

Se Ella ama una massa uniforme del color del zoccolo, domando se anche il cornicione grande tra un altare e l'altro deve farsi color della nostra pietra o del detto marmo? Se ella ama una massa in due colori della nostra pietra e del marmo del zoccolo, domando se le figure dei bassirilievi devono campeggiar in fondo color di pietra nostra o essere dipinte col fondo color dello zoccolo, e fare uno effetto come i festoni dello zoccolo, che non essendo lustrati si staccano gentilmente dal fondo per mezzo di una untarella più chiara senza venature? Sta sempre fermo il granito al fondo dell' arco?

Avverto che, fuori che i due bassorilievi che saranno dipinti, il resto è tutto in rilievo, compreso il gran cornicione.

Perdoni la seccatura, che nasce dal desiderio di ben servirla e far risaltare la sua opera, seppure non vorrà dire, come costà dicono, che nasce dalla *nazione*. Attendo sollecita risposta e colla maggior stima mi confesso, etc. (1)

Firenze 24 aprile 1810.

Signor cavaliere mio, carissimo e stimatissimo,

Malgrado avere intese tutte le sue intenzioni nell'ultima sua, e così bene, che, dovendosi dipingere le pilastrate dell' arco tutte del colore del primo zoccolo, e così prolungare tutto il mausoleo sino agli altari, onde niuno in avvenire lo inquietasse con qualche iscrizione per altri, essendo la chiesa ormai piena di depositi, — sopprimerò anche i candelabri. Con tutto ciò sorge un altro dubbio, o per meglio dire devo informarla di ciò che accade.

Siccome la sig.[ra] contessa di Albany è quella che spende, credei bene mandargli uno schizzo delle idee fra noi fissate. Ella non vuol assolutamente i bassi rilievi, non solo con Dante e col Petrarca, ma in nessun modo.

(1) Onofrio Boni à Canova, Firenze, 24 aprile 1810. Meme suscription. (Bassano, Bibl. Civ, Commiss. II).

Io aveva ideati questi bassorilievi a chiaroscuro, e perciò quasi invisibili, specialmente nel colore da noi adottato, perchè quei peducci sono più grandi dell' ordinario, avendo i pilastri degli altari molto lontani dall' archivolto, e non quasi a contatto, come si costuma, che allora gli avrei lasciati. E siccome a farsi una sola figura d' una fama o di un genio, veniva troppo grande da gareggiare colla Statua, ve ne introducevo due, che venivano quasi la metà, e pensai a due cose allusive al defunto, che si fece grande col Dante ed il Petrarca. Del resto la semplicità piace anche a me, e per prova ho fatto liscie tutte le modanature delle cornici, eccetto l' ovolo dei cassettoni, e questo per necessità: e dovendosi fare i Candelabri, avea pensato pure di vederne coll' ultima sua idea l' inutilità, di farvi due tronchi di colonna con sopra una lucerna sepolcrale a due lumi assai semplice. Ma non mi piace la povertà, come vedo non è piacciuta neppure a lei nel monumento, ornato di festoni, di cetre, e di corone; e quando gli ornati sono a masse, e tramezzati da altre masse liscie e grandi, così Ella ha fatto col secondo zoccolo liscio del Mausoleo, opportunamente situato tra la cassa ed il piedistallo ornato di festoni, si và sul sicuro, e si tiene il giusto mezzo, onde la semplicità non diventi povertà.

Ma questo sia detto a Lei in giustificazione del raziocinio da me fatto per collocare il suo monumento secondo quello mi suggeriva la meditazione ben lunga sopra i bei monumenti: ma non già intendo di allontanarmi in niente dagli ordini della Signora Contessa, giusta l' antico proverbio *de gustibus non est disputandum,* ed ha sempre ragione chi spende.

Fissato questo per capo principale, domando a Lei se stà fermo che tutta l' Architettura, meno il Cornicione ed il fondo dell' arco, che sarà di granito bigio deva dipingersi come il marmo del primo zoccolo: e se resta fisso, che gli ovoli, ed i rosoni sieno dipinti come i festoni del detto zoccolo.

Ascriva questa lettera al vivo desiderio, che ho di non far niente che Ella non approvi, anche nel nuovo piano della Signora Contessa, da cui non mi dipartirò mai, e colla solita vera stima mi confermo, etc.

P. S. Se D. Giuseppe Savelli è in tempo le porterà uno o due libri di stampe. Se si potesse collocarli entro qualche cassa di marmi, mi farebbe piacere. Il Sig. dottor Fabre ne è inteso.

Firenze 9 Maggio 1810.

P. S. La prego di sollecitare risposta, per subito dipingere, come prescriverà (1).

Canova avait annoncé qu'il arriverait à Florence en même temps que le convoi des marbres. Il est probable qu' il tint parole, car notre dossier ne contient presque plus rien sur la suite de la construction du monument: cette lacune s' explique fort bien par sa présence qui rendit inutile toute correspondance entre lui, le D.r Fabre et Onofrio Boni. Elle dut continuer entre ceux-ci et la comtesse d'Albany et Fabre à Paris: s'il ne reste rien de ces documents, il est aisé d'en expliquer la disparition dans le désordre d'une installation à l'hôtel, et dans les mille incidents d' un long voyage. — Les papiers de Montpellier et de Bassano sont muets, tant sur l'arrivée des marbres et le séjour du sculpteur à Florence, que sur l'érection et l'instauration du monument.

---

(1) Boni à Canova, Firenze 9 maggio 1810. Même suscription. (Bassano, Ibid.) La lettre ci dessous, non datée, — conservée à Bassano *ibid*, — se rattache évidemment à l'ensemble de ces discussions artistiques:

Sig. cavaliere padrone mio col.mo

Io era veramente persuaso della sua idea, e spezialmente dei candelabri. Ma la sig.ra contessa ordina diversamente; è giusto che si conformiamo alla volontà sua. In questo caso, volendossi far a meno d' ogni ornamento, io penserei, per evitare una massa troppo grande di un solo colore, che fosse bene d' interromperla. Rimane quindi fisso il fondo dell' arco di granito bigio, il cornicione della pietra simile agli altari, e la cornice dell' arco con quella delle imposte di marmo di Carrara ordinario, come anche i lati. Ogni volta che non si piacesse farvi dei riquadri, dentro ai quali ciò supposto. amerei un marmo greco venato come nei peducci nel caso stesso. — Boni.

Un seul incident nous est connu par deux pièces, une lettre de Boni à la Comtesse et une autorisation du Domaine pour Canova: — Canova ne fut pas content de l'*arco* tel que l'avait compris et édifié Boni: il le voulait plus haut de trois pieds, pour mieux isoler et faire mieux valoir son œuvre. Pour cette démolition et cette reconstruction il fallait toucher à un pilier de l'église; on risquait de produire quelque ébranlement dans l'édifice. Boni ne se souciait pas d'encourir cette responsabilité; déja il avait quelque peu manqué aux réglements dans son premier travail; il ne voulait pas s'attirer une mauvaise querelle de la part de l'administration domaniale dont dépendait alors Santa Croce. Pour résister à Canova, il en référa à Mme d'Albany le 14 août:

Rispettabilissima Signora, e veneratissima padrona.

Soffra una mia giustificazione, nel caso che si deve disfare in Santa Croce tutto quello che si è fatto col parere del signor Canova. Egli fece disegnare dal figlio di Fonteboni l'arco sotto il cornicione, allora dipinto, della grandezza che voleva, ed io non ho fatto altro che ornarlo semplicemente com' Ella sa, dal disegno trasmessole, farvi il cornicione di rilievo, e, con piccola variazione di quattro dita ridurlo ad una delle proporzioni approvate dai buoni autori. Tutto questo è stato fatto dopo aver io mandato al sig. Canova un disegno per mezzo del cav. Landi, che tornava a Roma, ed averne io riportata la sua approvazione in lettera che conservo.

Non gli è ciò altrimenti piaciuto, e propone tutto demolire per fare un' arco più grande, un braccio per tutti i versi, acciò vi campeggi meglio il deposito, scantonandolo e continuandolo negli angoli come nell' annesso schizzo di pianta. (1) Per ciò eseguire conviene fare un' altro arco, cioe un' altro strappo nel muro. Questa operazione è molto difficoltosa, perchè in mezzo all'arco

(1) Ce croquis n'a malheureusement pas été conservé.

del deposito ove ho segnata una stelletta, posa il piede di un grande arco, che regge il tetto, e che si spicca dalla colonna della nave di mezzo dirimpetto appunto al deposito secondo la direzione delle linee a lapis. Ora collo strappo nuovo si va vicino, anzi si toccherà quest'arco. Di più, dalla parte di dietro al muro della chiesa, vi è una loggia tutta raccomandata al medesimo con catene, delle quali una corrisponde in mezzo appunto al deposito. Allorchè si fece il primo arco, affidato alla peritia del Fonteboni, io trascurai un passo, che per giustizia doveva farsi col Governo, che ora è il padrone della chiesa: di concertare cioè il modo da tenersi in caso di qualche mossa di fabbrica. La cosa riuscì bene, e siamo fuori di ogni imbarazzo.

Ma per replicare l'operazione più in grande, - giacchè da un arco di 12 braccia di altezza ad uno di 15 vi è gran differenza, - io non mi sento, in caso di qualche screpolo nelle mura, d'implicarmi in questioni col Demanio, nè d'implicarci Lei, tanto più che ne sarei lacerato dal paese intiero. Io credo certo che non succederà niente, ma in questo affare sono si poco fortunato, malgrado aver fatto tutto in regola, che non voglio, adempito felicemente il primo impegno con Lei, veneratissima sig.ra contessa, correre un nuovo rischio.

Avendomi pertanto il sig. Canova, con un gentilissimo biglietto del 12, palesata la sua nuova idea, io nel 13 gli ho risposto in sostanza, che non mettevo nessuna importanza alla demolizione del fatto secondo i nostri concertati, ma che, essendo la nuova operazione più rischiosa, credevo necessario che egli ed il sig. D.r Fabre si dirigessero al padrone della chiesa per concertare coi di lui architetti l'occorrente; onde nel caso anche lontanissimo di qualche mossa di fabbrica, Ella non si trovasse in questioni col Demanio.

La pregherò di scusare se non l'ho servita come volevo: l'intenzione è stata buona. Variato il progetto di mettere il deposito isolato al muro per il suo enorme aggetto, si cade necessariamente nel caso dei compensi. Stà allora a cercare i migliori. Da principio si sono creduti, attese le circostanze locali dell'arco della nave minore che appoggia al muro, che doveva sbranarsi un arco discreto, decorato semplicemente secondo lo stile dei cinquecentisti, in cui campeggia a maraviglia la parte più importante del Deposito, accostandosi un poco alle pareti il primo subbasamento. Ma quando si rappezza, bisogna pure che qualche cosa patisca. Vedremo se il nuovo arco, sullo stile dei quattrocentisti, che taglia il cornicione nel tempo che isola di più il monumento, presenterà un tutto insieme come il primo progetto, che si demolirà.

Io averei creduto, che, prima di demolirlo, si vedesse a porte chiuse l'effetto che fà, veduto da un giusto punto. E stato condannato, vedendo il tutto nelle angustie del recinto di tavole che lo circonda. Tutto finiva bene se il Deposito era tre palmi più basso (1).

Canova n'attendit même pas la réponse de Mme d'Albany à ces raisonnements de Boni, d'ailleurs spécieux. L'influence de Degli Alessandri, président de l'Académie des Beaux Arts de Florence, lui fit immédiatement accorder par la Direction des Domaines Nationaux l'autorisation de toucher aux murs de Santa Croce, tant qu'il lui serait nécessaire.

« Relativamente ai lavori che possono occorrere al muro della chiesa di Santa Croce, in quella parte a cui dovrà appoggiarsi il monumento al conte Vittorio Alfieri, opera di quel celebre pittore » (2).

Un inspecteur des bâtiments, L. Botacchi, et un ingénieur-architecte, Carraresi, furent seulement chargés de surveiller les travaux. Nous ignorons le détail précis de ce qui se passa ensuite. Mais une lettre de Boni, relative à un tout autre objet, montre que Canova fut inflexible, et qu'il fit détruire et reconstruire l'*arco* dans dimensions les plus favorables pour son œuvre. Il est

(1) Boni à la comtesse d'Albany, Firenze, 14 agosto 1810. Sans suscript. (Montpellier, Bibl. Comm).

(2) Bassano, *ibid*, *Commissioni*, II : Lettre du receveur des Domaines Poirot à Giov. degli Alessandri.

vraiment regrettable que Fr. X. Fabre n'ait pas gardé les lettres que Canova et son frère lui ont sans aucun doute écrites pendant ces travaux.

Il est plus fâcheux encore qu'il n'ait pas gardé la lettre, ou plutôt la relation, par laquelle son frère, le frère de Canova ou Canova lui même, lui a raconté les dernières péripéties de l'achèvement et surtout l'inauguration solennelle du monument (1). Ce fut en effet pendant le séjour de Madame d'Albany à Paris que fut terminé le tombeau d'Alfieri. La « tyrannie » de l'empereur la priva du plaisir d'en surveiller elle même la mise en place, d'être la première à le voir achevé et installé. Ce ne fut qu'à son retour à Florence qu'elle put le contempler. Il semble que ce fut avec plus de vanité et d'amour-propre que de piété pour Alfieri ou de reconnaissance pour Canova. Voici comment elle en parle à son ami le baron de Castille :

« J'ai vu le mausolée que j'ai fait faire, qui est magnifique ; il éclipse tous les autres qui sont dans l'église et qui paraissent mesquins ; je vous en envoie le dessin : c'est une somme de soixante et dix mille livres ».

Je crains que ce dernier trait n'ait été pour elle le critérium de l'œuvre de Canova. Et elle ajoute ces propos, qui confirment notre opinion sur son amour - propre et sa vanité de propriétaire - fondateur :

« Ce qui me plaît surtout, c'est qu'il est payé et bien à moi ; j'en suis plus légère de cent livres ; nous autres gens d'ordre, nous ne voulons pas de dettes (2) ».

---

(1) Dans une lettre datée de Florence, 22 sept. 1810, à Mme Isabella Teotochi, Canova dit : « Nell' entrante settimana verrà esposto al pubblico il monumento d' Alfieri ». (*Tre Epistole* etc.).

(2) Ces deux fragments ont été publiés, d'après les lettres inédites de la comtesse d'Albany à M. de Castille, par M. Charvet, dans son

Et en effet la comtesse d'Albany a soigneusement conservé, et Fabre après elle, toutes les quittances que lui signa l'une après l'autre Canova. Elles figurent toutes aujourd'hui à la Bibliothèque de Montpellier, dans le fonds Fabre Albany (1): premier versement de mille francesconi le 11 juillet 1808, reçu du 30 juillet: le 24 décembre, trois billets tirés par Canova sur la comtesse à l'ordre de Saverio Sculteis, de 300, 340 et 360 francesconi; reçu de mille écus versés par Luigi Farnesi le 28 mars 1809; d'autres fois les versements furent faits aux mains du compatriote de Canova, Antonio d' Este, muni de sa procuration; il a des reçus, des lettres de Farnesi mentionant des paiements d'acomptes, du 8 juillet, 30 septembre, 30 décembre 1809, 12 avril, 2 juillet 1810; et enfin, le 31 décembre 1810, Antonio Canova donne à la Comtesse quittance du dernier solde dû sur les dix mille écus promis:

Io sottoscritto ho ricevuto da madama la Contessa d' Albany per le mani dell' ill.mo sig. Luigi Farnesi la somma di scudi romani cinquecento ottanta sette e libre 4, e questi sono in saldo e final pagamento delli scudi diecimila, prezzo convenuto per il mausoleo Alfieri da me eseguito ed eretto nella chiesa de santa Croce in Firenze.

étude: *Une correspondance inédite de la comtesse d'Albany*, p 101, (lettre du 28 nov. 1810.)

(1) A l'un de ces versements se rattache le billet ci-joint de F. X. Fabre, qui est à Bassano, non daté: « Signore. Ricevo nell' istante l' ultima sua lettera. Sono le ore 5 e mezzo e la posta parte alle 6. Non ho che il tempo di dirle che i mille francesconi sono già depositati al sig Francesco Borri e compagni, secondo il suo avviso, per esser tenuti alla sua libera disposizione. Non avrei mancato di sigillarli come lo desiderava, se ne avesse dato cenno più presto. Ora è troppo tardi. Spero però che non guasterà niente, come mi accenna lei stesso. Gradisca i complimenti della signora contessa, unitamente a quelli del suo div.mo ed obbl.mo amico F X Fabre.

In fede. Roma questo dì 31 decembre 18 dieci (*sic*). Antonio Canova.

Ce dernier payement fait « au grand Canova » paraissait au banquier Luigi Farnesi un fait assez mémorable pour qu'il l'annonçât aussitôt à sa cliente : Ieri mattina saldai il cav. Canova, écrit-il le premier janvier 1811 à « Madame Madame Louise, comtesse d'Albanis *(sic)* a Florence » en lui annonçant une demande d'accroissement de pension de « la Stuart », dénomination dédaigneuse qui doit désigner la fille naturelle et reconnue de Charles Edouard (1). Quelques jours après, le 6 janvier, Antonio Canova informait lui même la comtesse que le dernier payement avait été effectué, et lui exprimait une dernière fois sa reconnaissance et sa joie d'avoir réussi à mériter ses éloges et à la contenter par son œuvre ; la comtesse, comme de juste, lui répondit aussitôt par d'autres remerciements :

Roma, 6 del 1811

Credo parte del dover mio di dirle, se bene un pò tardi, che, subito arrivato quì, consegnai li due plichi del cardinale in proprie mani alla persona e con la scattola e lettera di Lei, per la quale mi venne pagato il saldo del monumento. Ella sia contenta di accogliere nuovamente il sentimento di sodisfazione che io provo per aver meritato quest' opera di lei pieno aggradimento. Ecco il principale scopo delle fattiche mie, l' approvazione e il suffragio di persone dotte come Ella è nelle arti nostre.

---

(1) Montpellier, ibid. Farnesi à la comtesse, 1e janvier 1811 : « La Stuart pretende un aumento del suo assegnamento, appoggiata sopra una protesta chiusa e sigillata che fece quando stipolò la translazione col cardinale ; non nè ha però introdotta alcuna lite, e credo che la cosa finirà così senza alcuna innovazione e lite, la quale per altro non ci sgomentarebbe.

« Del grande Canova ho ricevuto li due pieghi. »

I nostri più cordiali rispetti al chiar.^{mo} sig. Fabre.

Mentre con profondo rispetto ho l' onore di professarmi vostro. Umil.^{mo} Div.^{mo} Obbl.^{mo} servo Antonio Canova (1).

11 janvier 1811.

J' ai reçu dans ce moment, mon cher Canova, les marques de votre souvenir, dont je vous remercie de tout mon cœur, et qui me font toujours un grand plaisir.

J' aurais eu soin de mander à notre ami, puisque celui à qui vous avez remis la lettre me l'avoit écrit, que chaque chose étoit à sa destination. Il me mande que l'hiver est assez doux, et que sa santé est passablement bonne. Conservez la vôtre pour votre gloire et notre plaisir.

Je ne puis assez vous remercier du Mausolée dont je suis parfaitement contente: il est digne de vous et de celui pour qui vous l'avez fait. J'ai un double plaisir de voir vos deux noms réunis, et certainement l'Italie peut se vanter d'avoir produit dans ce siècle deux hommes dignes des prédécesseurs.

Conservez-moi votre amitié, et comptez à jamais sur mon tendre intérêt et mon admiration, et regardez moi comme votre amie.

Louise d'Albany.

P. S. M.^{ur} Fabre vous fait ses compliments, et tous les deus nous saluons M.^{ur} votre frère (2).

Cet échange de lettres de remerciements termine, en ce qui concerne le monument d' Alfieri, les relations de Canova avec la comtesse d'Albany et avec Fabre. Sur le socle du sarcophage la comtesse d'Albany fit graver une dédicace, solennelle consécration de sa passion pour Alfieri,

(1) Canova à la comtesse d' Albany, Rome, 6 janvier 1811. Sans suscription. (Montpellier, ibid).

(2) Bassano, Bibl. Civ. Madame d' Albany à Canova. Florence 11 janvier 1811. *Suscription :* Al chiarissimo signor Antonio Canova a Roma.

épigraphique notification, de son adultère à l'Europe et à la postérité : Victorio Alferio Astensi Aloisia e principibus Stolbergis, Albaniae comitissa M. P. An. MDCCCX. Il y a dans l'accouplement de ces deux noms, inscrits là pour l' éternité, une sérénité et une audace qui atteignent une éthique supérieure. Mais, par une singulière et plaisante ironie, c'était par son nouveau favori qu'elle faisoit surveiller la construction du monument à son premier amant, cette veuve si fastueuse à étaler sa douleur, et moins voisine cependant, tout pesé, d' Artémise que de la matrone d'Ephèse. Cet ironique aspect des choses ne fut du reste pas plus souligné par les contemporains que compris par elle. Ils ne voulurent voir et célébrer que la noblesse et la magnificence de l'hommage rendu au fier poète astésan, par le génie de l'auteur de ce simple et beau mausolée (1). Tout une florai-

(1) Dans ce concert unanime de louanges à Canova et de flattieres à la Comtesse, il faut noter la rare et remarquable indépendance de l'honnête Simonde de Sismondi, qui, malgré son amitié pour la comtesse, ne craignit pas de la mécontenter en faisant quelques réserves à ses éloges pour l'œuvre de Canova (lettre du 19 novembre 1810, *apud* Saint René Taillandier, *Lettres*, p. 428):

En traversant Florence la dernière fois, j'ai vu et j'ai admiré le magnifique monument que vous y avés fait élever. Je suis bien mauvait juge des beaux arts: la faiblesse de ma vue a empêché tout à fait que je puisse me former le goût, à supposer encore qu'il se forme. Mais il me semble que tout se trouve dans l'ouvrage de Canova: une grandeur et une simplicité imposante. La figure de l'Italie est de la plus rare beauté, touchante et noble. C'est une reine en deuil. Je regrette, mais peut-être ai-je tort, une certaine symétrie dans les ouvrages de sculpture, surtout lorsque ils appartinnent à un tombeau. La figure colossale qui en couvre un côté me paraît presque demander un pendant. Ainsi, dans les tombeaux des Médicis, les statues de Michel-Ange se correspondent et occupent les coins du monument. Elle en font partie, il est vrai, tandis que celle-ci est en dehors comme spectatrice et appartient à la foule qui pleure le grand homme plutôt qu'au tombeau.

son de vers fut jetée aux pieds de l'*Italia piangente* (1), en hommage au médaillon d' Alfieri. Il en reste dans les cartons de Montpellier quelques bouquets bien fanés, où Canova n'est pas oublié. Le marquis Diomède Bourbon de Sorbello, par exemple, dédiait à la comtesse un madrigal d'envoi élogieux et au mausolée un sonnet que voici.

Alla Signora Contessa d' Albany
nata principessa di Stolberg.

O regal Donna, che al sublime Alfieri
Degna del tuo gran cor la tomba ergesti,
Tu, cui noti eran tutti i suoi pensieri
E quanto era Ei propenso a me vedesti,
Di mia antica amistade i sensi veri
Soffri che espressi io ti consacri in questi
Carmi, che al ceno suo porsi in tributo
L' omaggio accogli: era ad Alfier dovuto.

Sul Mausoleo di Vittorio Alfieri
nel quale ammirasi egregiamente scolpita
la statua dell' Italia che piange.

Sonetto.

Qui giace Alfieri, quel si chiaro ingegno
Che all' Italo coturno i sommi onori
Ottenne, e svelse i vantati allori
Da estranio crin che sen tenea sol degno,

---

(1) Missirini a dit (*Della vita di Canova*): « L' Italia veramente non parve mai sì grande e maestosa che quando fu scolpita dal Canova ai fianchi di Alfieri », et Boni disait que cette statue colossale était « le plus parfait monument de grand style qu'un statuaire puisse désirer, pour la majesté de la personne, pour la richesse et la grandeur des vêtements, et pour la noblesse de l'ensemble.

Frema la stolta invidia, e nel suo sdegno
    Miri come fra noi Virtù si onori (1);
    Virtù che accese ognor gl' Itali cori
    All' ardue imprese, e a superarne il segno.

Miri qual erge al Sofocle novello
    Monumento di gloria alto e sublime
    L' immortal di Canova aureo scalpello,

Dica quindi, se scorge Italia in pianto;
    Gioja, più che dolor, quel pianto esprime
    Finchè di tai figli d' esser madre ha il vanto.

Del march: Diomede Bourbon di Sorbello.

et un autre poète dédiait à Canova une ode dont je cite cet éloge merité du monument et de l' artiste:

Figlio d' animo libero
    Prode Canova, a te viene il mio canto,
    A te, che al nome Ausonio
    E fama serbi e intemerato vanto.
Per te l' Itala donna
    Ritrova ancor suoi generosi spirti,
    E animosa ti addita
    A chi l' incolpa d' oziar tra i mirti.
. . . .
    Della scintilla eterna
    Palla te fece incontrastato erede.

(1) La railleuse bonhomie de Fabre ne désarmait jamais. En regard de ce vers assez maladroit, Fabre a écrit au crayon: « quando pagano gli altri ».

Venezia 1902
Estratto dal *Nuovo Archivio Veneto*, Nuova Serie, T. IV, P. I.
coi tipi del cav. F. Visentini

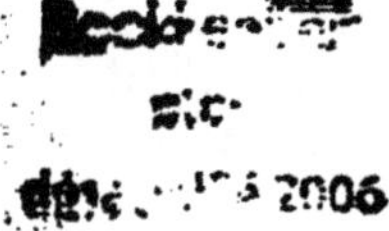

www.ingramcontent.com/pod-product-compliance
Ingram Content Group UK Ltd.
Pitfield, Milton Keynes, MK11 3LW, UK
UKHW020331180726
13839UKWH00002B/644

9 782019 919948